Denise Berthet

Manuel d'apprentissage de l'écriture

Maternelle - CP

RETZ
1, RUE DU DÉPART
75014 PARIS

Sommaire

Première partie

Préalables indispensables à l'écriture 21

Les fiches d'exercices pratiques

À partir du CP

Avant-propos

« L'écriture a-t-elle encore un avenir ? Est-ce si important d'apprendre à écrire aux enfants, alors que l'ordinateur est appelé à jouer, de plus en plus, un rôle primordial ? » Ce sont des questions que l'on entend.

Apprendre à écrire pour se construire

Quels que soient les attraits et l'utilité des moyens modernes de communication, il est néanmoins fondamental que l'enfant apprenne à écrire et qu'il possède parfaitement l'écriture manuelle, qui fait partie des apprentissages de base indispensables.

À travers la préparation de cet acte d'écrire, l'enfant va faire jouer au maximum toutes les possibilités que lui offre son corps imprégné d'intelligence et d'émotions, capable d'imagination et de créativité.

L'enfant parvenu à bien se construire, saura plus tard, avec le maximum de compétence, mettre le robot à son service, sans se laisser asservir par lui.

Écrire demande une préparation et un apprentissage parce que cet acte est régi par un code qui le différencie du dessin.

Dans une première partie, ce livre présente une approche globale pour préparer corporellement l'enfant et pouvoir aborder les apprentissages de base – parler, lire et écrire – qui sont intimement liés.

Ensuite, il présente des techniques plus spécifiques qui mettent l'enfant sur le chemin de l'acte d'écrire.
Enfin, dans sa dernière partie, il traite de l'apprentissage proprement dit, qui engage des circuits divers d'information facilitant l'acquisition du geste précis que l'écriture nécessite.
Un des buts de cet ouvrage est de valoriser l'écriture. En effet, comment l'enfant s'intéressera-t-il et s'investira-t-il dans l'apprentissage d'une technique insuffisamment considérée par les adultes ?
Cet ouvrage veut restaurer la dynamique de l'écriture qui est, dans son accomplissement, comme une danse de la main sur le papier.
Les Orientaux pratiquent la calligraphie à la suite des arts martiaux, dont elle est l'aboutissement, comme un moyen de structuration de la personne. De même, il est temps que nous redonnions à notre écriture toute sa dimension. L'enfant qui se prépare à l'acte d'écrire, puis qui apprend à écrire, se construit en se structurant.

Savoir « perdre » du temps

La complexité du geste de l'écriture suppose tout d'abord une maturation physiologique et une mise en place corporelle permettant les mouvements les mieux adaptés. La préhension la plus appropriée – parce que la plus fonctionnelle – du crayon, du stylo exige que l'enfant ait pris l'habitude d'utiliser à bon escient son corps, sa main et ses doigts. La main bien entraînée acquiert l'habileté nécessaire pour manier et tenir des objets de plus en plus fins.
Quand un enfant manifeste le désir d'apprendre, il est motivé : sa disponibilité est alors au maximum. Il entre dans une « période sensible », c'est-à-dire la plus favorable. C'est alors le moment d'exploiter son potentiel sans user de stimulations excessives.
Il est donc nécessaire que l'enfant ait les moyens et l'envie d'écrire, que chaque étape préliminaire corresponde à ses possibilités, à ce qu'il est capable d'assimiler.
Les stades et les rythmes étant ainsi respectés, l'enfant arrive à l'écriture sans efforts inutiles, sans même s'en rendre compte et avec aisance.
Pour J.-J. Rousseau : « La plus grande, la plus importante règle de toute l'éducation, ce n'est pas de gagner du temps, c'est d'en perdre ». Il faut attendre la maturation cellulaire des organes pour qu'une étape de croissance psychologique soit franchie. Quand

l'enfant est prêt, il va très vite, il réussit, il est heureux. S'il a été bousculé, si l'apprentissage a été entrepris prématurément, des crispations peuvent apparaître en même temps qu'une situation d'échec et un dégoût du travail scolaire.
« Heureux encore, dit J. Rostand, si l'esprit ne se trouve pas à jamais déformé par l'indiscrète impatience. »
Cette nécessaire pédagogie d'attente sera complétée par une pédagogie d'initiation qui met l'enfant sur le chemin des découvertes fondamentales par des explorations et des pratiques. La pédagogie d'initiation le stimule, éveille son intérêt, en répondant à ses besoins ; elle l'aide à ne pas se laisser arrêter par ses erreurs, qui font partie de tout apprentissage. Elle a le souci de décomposer les praxies, actes complexes, en éléments plus simples et plus faciles. D'autre part, la progression dans les exercices, l'imitation et la répétition faciliteront les acquisitions.
Les difficultés étant ainsi bien graduées, l'enfant, soutenu par son entourage et par une bonne collaboration entre les enseignants et les parents, est prêt à franchir les obstacles et à se dépasser. Son apprentissage de l'écriture sera d'autant plus favorisé qu'il trouvera du plaisir dans son effort.
L'adulte saura conjuguer les activités libres, qui donnent à l'enfant toute initiative, et les activités dirigées qui, au contraire, restreignent son pouvoir d'action en même temps qu'elles l'aident à s'adapter aux contraintes inévitables de la vie sociale.

Introduction

Fonctions de l'écriture

L'écriture langage

Pour s'exprimer, l'enfant utilise d'abord le geste. La parole est alors noyée par l'action, la mimique et l'intonation. L'excès d'affectivité bouscule les moyens, encore insuffisants, qu'il possède pour se faire comprendre. L'école maternelle va l'aider à relier le vocable à l'action ou à l'objet.
Puis l'enfant s'exprime à travers des graphismes : ses premiers idéogrammes sont des formes graphiques représentant un objet. Le rond qu'il a tracé est appelé une orange, une tête... : « Au niveau de l'idéogramme, il y a convergence du langage et du graphisme » décrit L. Lurçat[1]. Ses dessins deviennent de plus en plus expressifs et il cherche souvent à raconter quelque chose à travers eux. Lui faire verbaliser le contenu, c'est bien sûr s'intéresser à ses productions, non pas pour les critiquer, mais pour l'aider à communiquer. C'est aussi *stimuler son expression verbale.*
Quand l'enfant a compris que l'on écrit parce que l'on a quelque chose à dire, il se motive pour cet apprentissage.

Dessin et écriture

Si l'enseignant peut de temps en temps écrire sous son dessin ce que l'enfant lui en dit, celui-ci pourra établir *des liens entre le lan-*

1. L. Lurçat, *L'Activité graphique à l'école maternelle*, ESF, 1979.

gage oral et l'écriture, celle-ci acquerra ainsi pour lui une finalité. Il aura en même temps l'occasion *de voir un adulte écrire.* Quand on sait l'importance de l'imitation chez un enfant, on peut dire qu'*il engrange ainsi des gestes fins* dans son cerveau, et peut-être jusque dans ses fibres musculaires. D'autant que cela se passe « chez lui », dans un espace qu'il a investi par son dessin, qu'il s'est donc approprié de tout son être, et qui suscite plus particulièrement son intérêt.

Le geste et la parole

Le langage joue également un rôle d'accompagnateur dans toute action et dans l'acte d'écrire. Le débutant en écriture a besoin que l'éducateur lui propose oralement des directives et des stratégies quand il aide sa main à suivre le tracé d'une lettre « rugueuse », par exemple pour le « *l* » : « Tu montes légèrement, tu tournes à gauche et tu redescends en appuyant un peu, tu ralentis pour tourner à droite et remonter dans la petite liaison qui va donner la main à une autre lettre. » La parole accompagne le geste et renforce la mémorisation. « L'enfant intègre ces paroles à son soliloque, puis les utilise pour orienter son effort, quand il est ensuite seul devant la tâche[1] ».

L'écriture, expression de la pensée

L'acte graphique automatisé permet « ce geste de l'idée » qu'est l'écriture. Tant que l'écriture requiert un effort qui mobilise l'attention, l'esprit n'est pas libre pour laisser couler la pensée ni disponible pour les autres matières. C'est ainsi que certains adultes peuvent être pénalisés par leur écriture qui les dessert et les empêche de réaliser leur potentiel.

« L'écriture, construction de la pensée, œuvre originale, moyen et marque d'acculturation, doit être lisible, aisée, adaptée » nous dit T. Arbant[2]. L. Lurçat affirme quant à elle que : « L'écriture fait appel à la totalité de l'intellect, sollicite les deux lobes cérébraux ».

On trouve aussi, dans les Instructions officielles de 1985, que

1. L.S. Vygotsky, cité dans la revue « Pour la science », février 1995.
2. T. Arbant, *École maternelle,* IDEN, sept.-oct. 1989.

« l'action d'écrire participe à la construction de la pensée. La maîtrise de la langue écrite forme une pensée claire, organisée, maîtresse d'elle-même ».

Aimer les mots. Vivre les mots

Préparer la pensée de l'enfant à l'écriture, c'est lui faire aimer les mots, à travers *les contes, les comptines, les poésies, les chants, les mots et les scènes mimés, les scènes « graphisées », dessinées et parlées.*

Prenons par exemple le mot *pluie*. « Aujourd'hui il pleut, nous allons regarder la pluie tomber, écouter le bruit qu'elle fait sur le sol, sur un objet, sentir les gouttes de pluie sur la main, etc. » Un autre jour, la pluie est mimée avec tout le corps, avec les deux mains, avec une seule main, le bruit rythmé avec les lèvres…

Il est important que l'enfant prenne le temps de trouver les gestes ; il convient de ne pas trop le diriger (il saura parfois mieux mimer que l'adulte).

Ensuite, le mot est « graphisé » :

– pluie *fine :* barres verticales légères ;

– pluie *drue :* barres plus appuyées.

Enfin, l'enseignant écrit le mot au tableau. On lui cherche des qualificatifs, il entre dans une phrase, puis dans une histoire. Les enfants l'écrivent, ou le reconstituent avec des lettres mobiles s'ils ne savent pas encore écrire.

L'écriture, expression de soi

L'écriture est un graphisme très socialisé : elle repose sur des signes conventionnels traduisant un mode de société. Son but est la communication, mais chacun habite l'espace de la feuille blanche à sa manière, en organisant différemment les masses graphiques, en laissant jouer, à son insu, ses tendances profondes dans la forme, la dimension, la pression du trait et toutes les caractéristiques fines de l'écriture. Le vécu intérieur se projette, s'inscrit, dans cet espace extérieur.

« La façon d'écrire de l'enfant traduit son mode d'être »[1].

1. J. de Ajuriaguerra, M. Auzias, A. Denner, *L'Écriture de l'enfant*, Paris, Delachaux et Niestlé, 1964.

Certains enfants paraissent « éteints ». Ils attendent un éveilleur : ouvrir avec eux la porte de l'expression est la démarche primordiale. Sinon, ils ne pourront pas écrire, ils feront semblant, et leur cœur étant ailleurs, ils ne feront que se soumettre à une mécanique... L'écriture est tout autre chose !

L'espace graphique, aire de jeu

Il est important que l'enfant puisse trouver dans la feuille blanche une « aire de jeu » à côté d'exercices méthodiques. Pour cela, il sera bon de mettre à sa disposition des feuilles de formats, de texture différents, une grande variété de crayons ou pinceaux et de lui laisser des moments de liberté pour faire ce qu'il veut. Ce qui n'est pas évident pour un enfant inhibé. Va-t-il oser ? Peut-être aura-t-il besoin d'être encouragé par l'adulte : « Tu peux gribouiller ».

« Lorsque l'enfant gribouille, et nous en venons aux sources de l'écriture, la page est pour lui un objet transitionnel, qu'il est libre d'agresser en la déchirant, ou d'enluminer en la coloriant ; il ne veut pas forcément exprimer ou dire, il met deux objets en contact, le crayon et le papier, et s'émerveille de créer une forme. Dans son apprentissage des mots, plus tard, les mots écrits (comme les mots parlés lorsqu'il a appris les noms des choses) sont pour lui des expériences globales, affectives et motrices, lui donnant conscience de son extériorité par rapport à la feuille, et de son pouvoir magique d'y laisser une trace personnelle[1]. »

L'espace graphique, aire d'intimité

Avec le gribouillis, l'enfant peut s'exprimer pleinement et établir un rapport d'intimité avec la feuille blanche. Il apprivoise cet espace, ose affronter cet inconnu du vide de la feuille blanche qui symbolise le monde extérieur.

« Il découvre en lui une énergie encore indifférenciée qui ne demande qu'à se libérer : il défoule avec jubilation ses émotions de joie ou de peur[2]. »

Il faut encourager cette jouissance du geste et de la trace, cette trace de soi qu'il crée, qu'il voit se dérouler et qu'il peut offrir au regard des autres. C'est ainsi le préparer au plaisir d'écrire, susciter l'estime de soi à travers le miroir de la trace, la confiance en soi de celui qui n'a plus peur du regard de l'autre.

1. M. Desurvire, Revue de graphologie, n° 149.
2. F. Lefébure, *Le Trait en écriture*, Masson, 1987.

Le mime graphique

Les réactions de l'enfant à l'âge pré-scolaire sont très globales. Il est tout entier dans ce qu'il fait. Ses émotions et toute son affectivité imprègnent ses relations. Il a besoin d'exprimer cette richesse, et il le fait souvent par le mime, le mime corporel, le mime vocal ou graphique.

Chaque enfant peut exprimer une émotion ou un sentiment que l'adulte lui suggère : peur, joie, tristesse, colère, douceur, tendresse... Tout cela peut être mimé à partir d'une histoire inventée ou d'un conte qui crée l'atmosphère. On donnera comme exemple : « Vous allez d'abord mimer la peur, avec tout votre corps. Puis avec le crayon, vous allez faire un tracé qui sera chargé de toute votre peur, vous allez mimer sur le papier cette peur, pas par un dessin mais seulement par un tracé qui aura la forme que vous voulez. » Cet exercice, qui extériorise la peur et qui la matérialise sur le papier, amène l'enfant à bien la ressentir, à en prendre conscience et à mieux la maîtriser.

1

Préalables indispensables à l'écriture

Préparation du corps, de l'équipement grapho-moteur

Le schéma corporel

Pour le docteur Le Boulch[1], le schéma corporel «... est l'intuition d'ensemble ou la connaissance immédiate que nous avons de notre corps à l'état statique ou en mouvement dans le rapport de ses différentes parties entre elles et surtout dans ses rapports avec l'espace et les objets qui nous environnent ».
C'est comme un noyau fondamental autour duquel s'organisent les attitudes, les manières d'être, les modes de réaction et toutes les connaissances. Ainsi, la main qui trace les lettres est reliée à l'ensemble du corps. Le bras, puis la ceinture scapulaire, la colonne vertébrale, la ceinture pelvienne, les pieds sont concernés par l'acte d'écrire.

Comment se constitue le schéma corporel

L'élaboration du schéma corporel est fonction du *développement et de la maturation neuro-motrice en relation avec l'environnement.*

Avant l'entrée à l'école maternelle

Dans la mesure où l'enfant de trois ans a pu bénéficier d'un milieu favorable aux échanges, où il a trouvé appui, stabilité et confiance, des acquisitions motrices sont en place : il sait monter et descendre les escaliers, il sait se déshabiller, tenir sa fourchette, il boit seul.

1. J. Le Boulch, *L'Éducation par le mouvement*, ESF, 1971.

Cette première stabilisation affective et sensori-motrice ainsi réalisée va servir de tremplin pour les autres acquisitions.

Entre trois et six ans

Entre trois et six ans, l'éducation psychomotrice prépare l'enfant « à passer sans rupture d'un univers magique dans lequel il projette sa propre subjectivité à un univers où règne une organisation et une structure »[1]. Il faut *le laisser vivre cet univers magique* dont il a besoin, *lui faire confiance* et lui fournir les moyens nécessaires à sa propre construction.

C'est d'abord par le **mouvement**, besoin fondamental de l'enfant, qu'il développe toutes ses fonctions. Il va, comme d'instinct, se construire et découvrir ses premiers modes d'action. En bougeant, il sent son corps, apprend à le connaître et c'est une source de plaisir. C'est par *l'action sous toutes ses formes, le jeu, les activités libres et dirigées* que s'exercent et se développent les différentes fonctions, les aptitudes à réfléchir, à comprendre, à faire grandir l'intelligence.

C'est aussi par le **toucher** que l'enfant entre en contact avec son corps et reçoit les informations que lui transmettent les sensations tactiles.

Au stade préscolaire, il poursuit l'organisation de son schéma corporel et de la représentation de son corps. Cette structuration est très lente. Elle s'achèvera vers onze-douze ans.

Trois axes de travail

La prise de conscience de son corps et de l'espace chez l'enfant passe par trois étapes :

– Importance de la pratique personnelle de l'enfant, en particulier dans les jeux. Il est nécessaire qu'il dispose de moyens variés pour exercer ses fonctions en jouant.

– Éducation perceptivomotrice : l'enfant sent ce qui se passe en lui au cours des exercices gestuels.

– Intériorisation et représentation mentale, mémorisation : l'enfant apprend progressivement à se représenter son corps en mouvement.

1. J. Le Boulch, *Le Développement psychomoteur de la naissance à six ans*, ESF, 1984.

Avec quelles activités?

Les jeux de sable, la peinture au doigt avec de l'eau, la pâte à modeler

Par la perception tactile qu'elles mettent en jeu, ces activités affinent le schéma corporel en même temps qu'elles calment les enfants.

Les comptines

Dans son livre *Le Pouce part en voyage*[1], Michèle Requéna cite des comptines qui peuvent être utilisées comme celle qui suit, pour la joie des enfants et le travail des mains.

« *Pouce êtes-vous là ?* »	Oui	Poings fermés, sortir les pouces.
« *Index êtes-vous là ?* »	Oui	Sortir les index.
« *Majeurs êtes-vous là ?* »	Oui	Sortir les majeurs.
« *Annulaires êtes-vous là ?* »	Oui	Sortir les annulaires.
« *Auriculaires êtes-vous là ?* »	Oui	Sortir les auriculaires.
« *Et maintenant allez-vous en !* »		Cacher les mains dans le dos.

L'accompagnement musical

Les enfants dansent en rythmant par des mouvements des épaules, des bras, des mains, des doigts, en toute liberté pour inventer ou imiter.

Des objets peuvent prolonger le geste : un foulard, un fouet en lanières de crépon multicolores, un ballon de baudruche, un gros crayon de couleur…

L'accompagnement d'un chant, la ronde

Des chants connus pourront être mimés et rythmés avec tout le corps, puis avec les pieds, avec les mains, enfin avec une main. Ce type d'activité a des effets très bénéfiques au niveau des coordinations, mais aussi du langage, de la lecture et de l'écriture : l'enfant engrange du vocabulaire, des structures de phrases « mélodiées », rythmées et donc plus facilement mémorisables.

Exemple : (à partir de quatre ans)

1. En ronde :

« *Savez-vous planter les choux ? À la mode, à la mode,*
Savez-vous planter les choux ? À la mode de chez nous. »

1. M. Requéna, *Le Pouce part en voyage*, Villeurbanne, Ateliers Chansons de Villeurbanne.

2. Mime à l'arrêt :
On les plante avec le pied, le genou, le coude, le poignet, les doigts, le pouce, l'index, le poing... Chaque enfant imite le geste exécuté.

Le mime
On peut citer comme exemple le chat qui fait le gros dos en tendant ses pattes, puis qui creuse le dos en étirant une patte, puis l'autre. Ce mime permet de bien sentir le dos, la ceinture scapulaire. Il déloge en même temps les tensions.

Les puzzles et les jeux de construction
On utilisera ces jeux pour reconstituer, par exemple, un bonhomme.

La poupée
« Tous les enfants, qu'ils soient garçon ou fille, manifestent le désir d'avoir une poupée. L'attrait de la poupée correspond au fait que l'enfant y retrouve son physique. Elle a une tête, des yeux (souvent dormeurs), un nez...[1] »

La toilette
À partir d'un chant, l'enfant va prendre conscience de tout son corps et la toilette sera transformée en un moment agréable.
C'est aussi l'occasion de lui faire découvrir les mouvements que peut exécuter chaque zone du corps.

Le massage
Dans une classe de moyenne section de maternelle, pour se mettre en route le matin, l'enseignant peut proposer un massage rapide que tous les enfants exécutent en prenant modèle sur lui : « Je réveille ma tête en massant le cuir chevelu, mes cheveux, puis le visage, je masse les paupières, je touche les cils, les sourcils, les joues, les narines, les lèvres, les oreilles, le cou, la nuque ». Tous les enfants l'imitent et nomment les régions massées.
Un autre jour, ou à un autre moment, si les mains ont été sollicitées par des exercices graphiques, on massera la

1. D. Chauvel et Ch. Noret, *Apprenez à relaxer vos enfants,* Retz, 1980.

main ou les doigts, en les nommant. On pourra avoir recours à des étirements : « Je réveille mes bras, mes jambes, mes pieds… ».
C'est par des exercices réguliers, qui les amusent et les détendent, que les enfants sont amenés à une bonne connaissance de leur corps.

L'organisation dans l'espace

Appréhender l'espace avec son corps

La conscience du corps dont nous venons de parler et l'appréhension de l'espace ne sont pas des fonctions isolées, abstraites et juxtaposées : *le corps agit dans un espace.*
L'enfant doit savoir s'orienter dans son environnement pour repérer et disposer les signes graphiques qui sont eux-mêmes orientés et organisés dans l'espace de la feuille. Pour qu'il puisse reconnaître les caractéristiques de chaque signe, leur ordre de succession sur la ligne et dans la page, leur orientation, il faut qu'il dispose de bons repères sur lui-même et sur son environnement, qu'il ait bien structuré l'espace et le temps, qu'il soit familiarisé avec les notions de l'« espace-feuille ». Celles-ci seront bien intégrées dans la mesure où il les aura d'abord appréhendées avec son corps tout entier par une exploration méthodique de l'espace environnant.
Ces notions concernent :
– le rapport avec la ligne d'écriture : haut, bas, sur, sous.
– la contiguïté : à côté de, avant, arrière, autour, entre.
– la grandeur et la distance : plus grand, plus petit, près, loin.
– la limitation : dans, intérieur, extérieur.
Nous présentons quatre fiches pour travailler ces notions.

La verticalité et l'horizontalité

Objectif : Acquérir les notions qui se réfèrent à la verticalité, à l'horizontalité.

Âge : 5 ans (grande section).
Matériel : Fils à plomb.

Verticalité

Les notions de haut et de bas existent en dehors du corps, elles sont liées à la pesanteur. À partir de ces notions, on peut introduire la notion de verticalité (utilisation du fil à plomb).
On demande aux enfants : « Qu'est-ce qui est vertical dans la salle ? ».
Ils observent et trouvent les murs, les fenêtres... mais aussi d'autres plans et lignes. Ils constatent que ceux-ci ne sont pas verticaux.

Horizontalité

Ce sont, en général dans nos constructions, des plans horizontaux. Les enfants apprennent à les nommer : lignes horizontales, plans horizontaux.
Dans le plan horizontal, les enfants prospectent autour d'eux et s'aperçoivent qu'il y a une multitude de directions.
Les repères sont pris d'après notre corps : le devant du corps donne une direction vers l'avant, et le dos donne la direction vers l'arrière.
Ici, on fait intervenir les deux côtés du corps, qu'on appelle, par convention, la gauche et la droite.

Exercices

1. Notions concernant le plan vertical : sur, sous, au-dessus de, au-dessous de.
Sur la table, sous la chaise, se baisser, s'accroupir, monter, descendre les escaliers, grimper sur un banc, ramper sous la table...

2. Notions concernant le plan horizontal :
– **avant, arrière** : marcher vers l'avant (avancer), marcher vers l'arrière (reculer).
– se déplacer d'un côté, de l'autre, se déplacer vers la gauche, vers la droite.
– **demi-tour** et **tour complet** : pratiquer cet exercice dans les

rondes, par exemple, avec de plus en plus d'exigence et de précision.
– **autour de** : la table, un camarade…
– **à côté de** : mettre le cartable à côté de l'armoire, poser son crayon à côté de la gomme, etc.
– **entre** : cette notion est difficile à intégrer, mais elle est facile à montrer dans les jeux et les évolutions. Sur une table avec des objets, par exemple :
– la gomme entre deux objets semblables, entre deux crayons ;
– la gomme entre le crayon et la règle, etc.

Fiche 2

L'espace de la feuille

Objectifs :
– Employer de façon conventionnelle les mots « haut » et « bas » appris dans la réalité spatiale.
– Habituer les enfants à cette transposition de façon progressive.

Âge : 5-6 ans (grande section et CP).

Matériel : Un tableau divisé en deux parties par un trait vertical, une grande feuille fixée sur la partie droite du tableau, une feuille 21 x 29,7 cm par enfant.

Remarque

Ce qui est important dans cet exercice, c'est la transposition des notions de haut et de bas, d'un plan vertical sur un plan horizontal. Il est fréquent que certains enfants achoppent pour passer de la réalité concrète à la convention.

Première séance

Première étape

Fixer une grande feuille sur la partie droite du tableau puis tracer sur la feuille et sur le tableau :
– une flèche rouge vers le haut,
– une flèche bleue vers le bas,
– une flèche verte vers la gauche,
– une flèche jaune vers la droite.
Employer la même couleur pour les flèches et les mots correspondants.

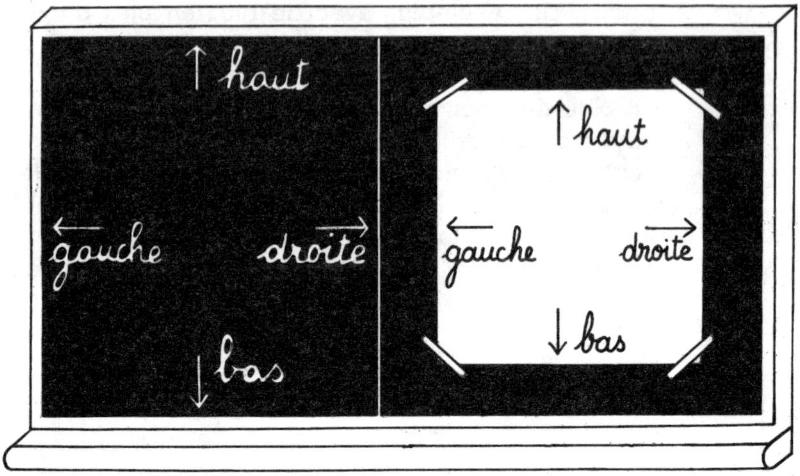

L'enseignant enlève la feuille du tableau, la pose sur la table. La feuille passe par un mouvement de translation lent et précis du plan vertical au plan horizontal. Ainsi l'enfant se rend compte que le haut correspond à un point éloigné de son corps, le bas à un point proche de son corps, la gauche et la droite ne changeant pas. L'enfant est autorisé, s'il le désire, à faire la même expérience.

Deuxième étape

Le modèle est au tableau et sur la grande feuille.

L'enfant place sous dictée les objets ou les gommettes sur sa feuille 21 x 29,7cm, en haut, en bas, à droite, à gauche.

Deuxième séance

1. Reprendre la deuxième étape sans modèle au tableau, sauf pour ceux qui le demandent. Proposer de réaliser le même exercice de mémoire, avec les mêmes couleurs.

2. Montrer aux enfants chaque angle de la feuille en le nommant. Avec quatre autres couleurs leur proposer d'inscrire un signe dans chacun des angles. Quand les enfants sont aptes, à partir de six ans en général, montrer l'angle en haut à droite et le nommer : « C'est en haut et à droite ». Écrire : Haut. Droite. Faire trouver et nommer les autres angles.

Troisième séance

Reprise de la deuxième séance. Ajouter la notion de milieu (approximatif) de chaque côté.

Fiche 3

Les notions de distance

Objectifs :
– Prendre conscience des intervalles entre les objets.
– Les représenter graphiquement (pour les plus grands).
– Se préparer à disposer les mots sur la ligne.

Âge : À partir de 3 ans (petite section - moyenne section).

Matériel : Cubes.

Exercice 1

Les cubes sont disposés, selon un itinéraire donné, à égale distance les uns des autres, suffisamment rapprochés. Chaque enfant va suivre ce trajet en posant le pied à côté de chaque cube.

Exercice 2

Même exercice, les cubes étant d'abord à des distances très inégales puis en intercalant petit et grand espace de façon régulière.

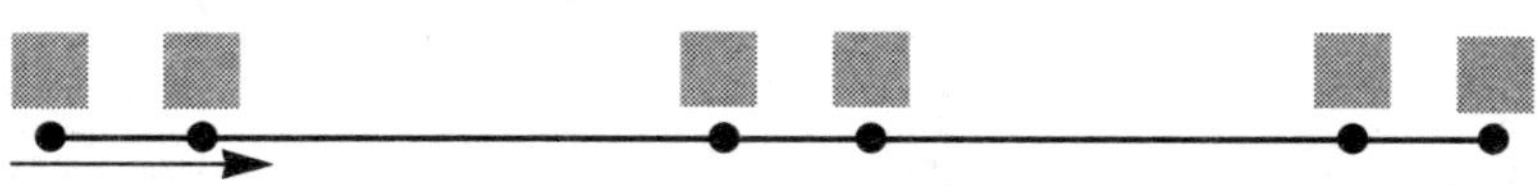

Verbalisation

Questionner sur la différence perçue entre les deux exercices. En même temps que des enfants font ces évolutions, d'autres les observent et disent ce qu'ils ont remarqué.

Prolongement graphique

À partir de 5 ans, on peut demander aux observateurs de représenter graphiquement les déplacements.

Variante

Même type d'exercice en privilégiant les notions de « près de » et « loin de ».

La limitation de l’espace

(l’espace graphique étant limité)

Objectifs :
– Évoluer dans un cadre précis.
– Connaître les notions dans, hors, intérieur, extérieur.

Âge : 5-6 ans (grande section, CP).

Matériel : Corde, craie.

Exercice 1

Matérialiser sur le sol un espace limité par deux sortes de frontières (des morceaux de corde, des tracés à la craie). Les cordes sont « infranchissables » mais on peut franchir les tracés à la craie.
Proposer à un groupe d’enfants d’entrer dans cet espace, d’y évoluer librement, de n’en sortir ou de n’y retourner que par les « portes » tracées à la craie.

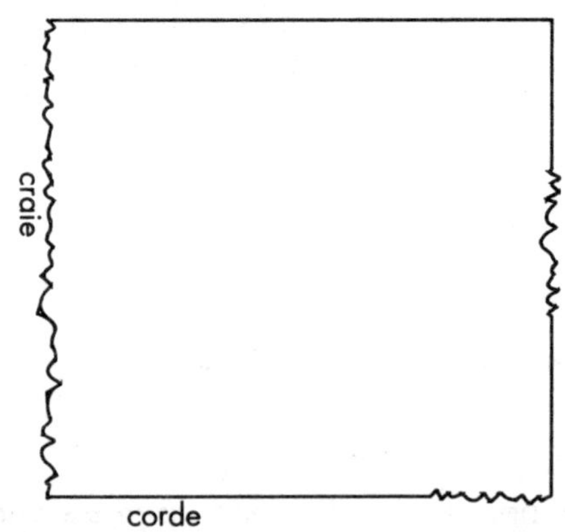

Les évolutions se font lentement au début, puis on accélère.
Le groupe observateur contrôle le respect de la consigne.

Exercice 2

Prévoir des évolutions dans un espace limité, avec la consigne de ne pas se heurter, et de bien se répartir dans l’espace. Cela oblige les enfants à regarder l’ensemble de l’espace, à élargir leur regard pour prévoir leur parcours.
L’exercice est difficile pour des petits, qui vont être emportés

par le plaisir du mouvement : la consigne de répartition ne sera donnée que pour les plus grands et poursuivie dans les classes primaires.

Les déficits de l'organisation spatiale

L'enfant pourra s'adapter et s'organiser sur son cahier scolaire s'il a d'abord bien vécu corporellement les notions spatiales. Sinon, il y a de nombreux risques :
– lettres inversées : haut / bas, droite / gauche, guirlande inversée  pour 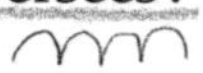 (la guirlande d'arcades est devenue une guirlandes de coupes),
– une écriture en miroir,
– erreurs dans la succession des lettres,
– mauvaise tenue de ligne,
– espacements irréguliers entre les lettres, entre les mots,
– organisation inadéquate de la page,
– ignorance des proportions,
– zones mal différenciées,
– dimension irrégulière des lettres,
– liaison incertaine entre les lettres.

Dans le cas d'insuffisance d'organisation spatiale, l'enfant ne sait pas très bien dans quelle direction aller. Souvent, il juxtapose les éléments graphiques ou les raccorde de façon maladroite avec des points de soudure très visibles.

Au-delà de cinq-sept ans, les difficultés d'orientation dans l'espace peuvent être en partie compensées, mais continuer de se manifester, de façon plus ou moins discrète, à travers les signes graphiques, leur liaison, le déroulement du tracé. Elles peuvent entraver la vitesse et affecter la lisibilité. Les difficultés peuvent persister tout au long des classes primaires et secondaires et perturber la scolarité.

Les rythmes

Le respect du rythme de chacun

L'épanouissement de l'enfant dépend du respect de ses rythmes vitaux marqués par le retour périodique de temps forts et de temps faibles.

Les périodes sensibles où les connaissances s'accumulent alternent avec des périodes de repli, d'incubation, d'attente, de passivité

apparente. L'essentiel est de faire confiance à l'enfant qui va pouvoir se mettre à l'écoute de son rythme, celui qui lui est propre au même titre que la forme de son corps. Ce ne sont pas les stimulations venues de l'extérieur qui vont d'abord le construire. L'enfant est guidé, selon Montessori[1], par une « sensibilité intérieure », « une sensibilité créatrice » pour choisir en son temps, les moyens qui sont mis à sa disposition.
Des stimulations indiscrètes ou intempestives qui ne tiendraient pas compte du rythme de l'enfant seraient préjudiciables à son développement.

Rythme différent ne veut pas dire retard

Ce n'est pas parce qu'un enfant va commencer à écrire plus tard qu'un autre qu'il est moins intelligent. Son rythme est différent. Son temps d'incubation est plus long. Ou bien c'est sa recherche de savoir qui est orientée ailleurs : il suit sa « sensibilité intérieure » et il ne peut pas être partout à la fois.
Il faut toujours avoir présent à l'esprit que les jeunes enfants évoluent selon des rythmes très variables. Les mettre en compétition trop tôt serait très préjudiciable. Ils pourraient alors intégrer un sentiment d'échec qui risquerait de compromettre toute leur scolarité.

L'évolution se fait par paliers

Toute notion nouvelle entraîne une désorganisation passagère des acquis précédents. Une réorganisation doit alors se faire en tenant compte des acquis nouveaux. On pourrait dire qu'il y a un temps apparent de régression, et un temps d'intégration. Cela tout au long des apprentissages. Il en est ainsi pour l'écriture.

Les conditions de l'équilibre de l'enfant

Avec Y. Berge[2], rappelons les trois phases indispensables à l'équilibre : préparation / action / lâcher-prise. C'est un rythme à trois temps.

La préparation

Ne pas couper brutalement le jeu d'un enfant, l'avertir un peu à l'avance qu'il devra changer d'activité, par exemple pour venir mettre la table au moment de l'heure du repas.

1. Maria Montessori, *La Pédagogie scientifique*, EPI, 1992.
2. Y. Berge, *Vivre son corps*, Seuil, 1975.

Le temps de l'action
L'enfant engage son énergie. Il se concentre, il met en jeu ses fonctions motrices, mentales, affectives. Il est pris par son action, que ce soit une activité ludique ou des gestes de la vie quotidienne, ou de la vie scolaire.

Le lâcher-prise
Le meilleur repos est parfois de ne rien faire, et non de multiplier les activités de loisirs. La passivité apparente est un temps de récupération, d'où va jaillir une vitalité nouvelle.

Le rythme dans l'écriture

« Ce que nous appelons un mouvement global bien coordonné est en réalité un mouvement rythmique. [...] Ces mouvements revêtent un caractère harmonieux et traduisent l'unité d'une personnalité expressive »[1].

L'écriture est rythmée dans sa dimension, dans sa vitesse, dans la pression du trait, dans l'enchaînement des lettres : le crayon se déplace sur la ligne selon un certain rythme marqué par les levers de main, des mouvements ascendants et descendants de pression différente. Piaget remarque : « L'expression la plus élémentaire du graphisme de l'enfant est le résultat d'un va-et-vient continu de la main sur le papier et c'est à partir de ce jeu rythmique que se différencieront les premières formes[2] ».

Une écriture rebondit d'autant mieux sur la ligne que celui qui écrit a pu *vivre et intégrer des rythmes*.

« Je rythme donc je suis[3] », dit le professeur Jousse et Catherine de Bose remarque : « Le rythme est la partie la plus involontaire de l'écriture, alors que le conscient intervient davantage dans le traitement de l'espace et la création de la forme[4]. » Elle considère que le rythme est l'aspect le plus expressif de l'être.

Le mouvement rythmé de l'écriture, par son expressivité, préside à la personnalisation future de cette écriture. Il s'inscrit dans les couches profondes de l'enfant comme l'élément vivant et vivifiant qui anime les automatismes, empêche l'écriture de se figer. Par lui, le flot de la vie instinctuelle, pulsionnelle, émotionnelle peut

1. J. Le Boulch, *Vers une science du mouvement humain*, ESF, 1971.
2. J. Piaget, *Les Mécanismes perceptifs*, PUF, 1975.
3. M. Jousse, *Anthropologie du geste*, Gallimard, 1974.
4. C. de Bose, *La Graphologie allemande*, Masson, 1992.

s'écouler librement, sans blocage, dans un graphisme qui sait rebondir en souplesse et ne pas tomber dans la monotonie.
Les troubles du rythme se traduisent par : des saccades dans la liaison des lettres, de mauvaises proportions, des inégalités dans les espacements entre les lettres.
Comme les fondations d'une maison, la découverte du rythme fait partie des soubassements indispensables. Des conflits vont surgir entre la forme et le mouvement, au moment de l'apprentissage : le mouvement sera freiné au profit de la forme qui exige un effort d'application. Mais cette intégration du rythme pourra se manifester dans l'écriture dès que la phase d'automatisation la conduira vers sa personnalisation.
Les trois fiches suivantes permettent, non pas de faire acquérir des rythmes à l'enfant, mais « de favoriser l'expression de sa motricité naturelle dont la caractéristique essentielle est la rythmicité[1] ».
Il est bien entendu que les exercices qui demandent de la concentration seront courts, et d'autant plus brefs que les enfants sont plus jeunes. Il ne s'agit pas de multiplier les exercices, mais de faire le choix qui semble le mieux convenir.

Fiche 5

Ajuster son rythme

Objectifs : Libérer l'enfant et éviter les gestes saccadés, étriqués, arythmiques.	**Âge :** 4-5 ans (moyenne section, grande section, CP). **Matériel :** Un tambourin.

Déroulement

1. L'enseignant frappe un rythme au tambourin. Les enfants écoutent puis, les uns après les autres, marchent en cadence.

2. Un enfant marche, l'enseignant prend son rythme au tambourin ; les autres enfants commentent : « il marche vite, il est pressé » ou « il marche lentement »... puis se joignent à lui, soutenus par le tambourin.
Même exercice en sautant, marchant comme le chat, galopant comme le cheval, sautant comme le kangourou, trottinant comme la souris, etc., toujours accompagné par le tambourin.

1. J. Le Boulch, *op. cit.*

3. Les enfants sont invités à taper des mains au rythme du tambourin. Ils s'adaptent aux changements de rythme.

Variantes

1. Évolution sur une histoire.

Exemple : Le petit Chaperon Rouge marche dans le bois, puis s'en va en sautillant, s'arrête pour écouter les oiseaux, tandis que le loup arrive prudemment.

Les enfants règlent le rythme de leur marche sur le frapper de mains ou du tambourin qui scande l'histoire.

2. Des rondes sur des chants rythmés.

3. Évolution sur un rythme musical en créant des figures avec la main, les doigts : rotation du poignet dans un sens, dans l'autre, ouverture et fermeture de la main, des pichenettes, et tous les mouvements que l'enfant inventera avec les segments des bras, avec les épaules, avec tout le corps.

Prolongements

Écouter le rythme de la pluie sur une gouttière, sur une toile en plastique… ou le rythme des gouttes au robinet…

Fiche 6

Reproduire des structures rythmiques

Objectifs :
– Éducation perceptivo-motrice.
– Éducation de l'attention.
– Initiation au sens gauche-droite de l'écriture.

Âge : $5\frac{1}{2}$ - 6 ans (fin de grande section et CP).

Déroulement

1. L'enseignant donne aux enfants une structure sonore, par un frapper de mains.

Par exemple : ● ●● ● ●● ● ●● ● ●●

Les enfants l'écoutent d'abord, puis le reproduisent en frappant dans leurs mains.

2. La structure rythmique est écrite au tableau. Ils la traduisent par un frapper de mains sans l'aide de l'adulte.

Chant, rythme et graphisme

Objectifs :
– Synchronisation sensori-motrice.
– Introduction à la notion de proportion, de différence de grandeurs.

Âge : $5\frac{1}{2}$ - 6 ans ans (fin de grande section, CP).

Matériel : Cartons individuels sur lesquels sont tracées des verticales.

Le rythme du chant sert de stimulant sonore et aide à la régulation du tonus.
« Il est d'observation courante qu'une succession rythmée de mouvements est nettement plus facile à exécuter et occasionne moins de fatigue que la succession non rythmée des mêmes mouvements. L'activité rythmée régularise le débit de la force nerveuse et procure incontestablement des sensations agréables.[1] »

Déroulement

1. Le chant, *Frère Jacques* par exemple, sera rythmé ainsi :

│ │ │ │ (quatre grandes barres verticales) pour les deux « Frère Jacques »,

ı ı ı ı (quatre petites barres verticales) pour les deux « dormez-vous ? » chantés d'une voix plus douce (deux temps sur la dernière syllabe).

2. Après avoir rythmé dans l'espace, l'enfant va à sa table avec son carton. Avec les doigts, il repasse sur les barres verticales tracées sur le carton, tout en chantant.

3. Enfin, quand il est à l'aise, il peut lui-même reproduire le graphisme.

Variante

De nombreuses chansons enfantines faciles peuvent ainsi être rythmées dans un graphisme.

1. Vayer, *L'Enfant face au monde à l'âge des apprentissages*, Doin, 1976.

Fiche 8

Peinture en rythme

Objectifs :
– Libérer des blocages par rapport à la trace écrite.
– Animer l'expressivité.

Âge : 5½-6 ans (fin de grande section, CP).

Matériel : Pinceaux, peinture, disque ou cassette d'une musique bien rythmée, grandes feuilles.

Préliminaires

La prise du pinceau préfigure celle du crayon.
Cet exercice doit se dérouler dans le calme avec la présence très attentive de l'enseignant.
Il est préférable de commencer avec un petit groupe de huit enfants environ, pendant que les autres font un dessin libre, ou une autre activité.

Déroulement

Les feuilles sont posées sur un plan horizontal. La peinture et les pinceaux sont à portée de main des enfants.
Faire écouter la musique. Commencer à rythmer avec les doigts puis toute la main. Quand chaque enfant se sent prêt, il prend le pinceau et traduit sur le papier ce qui se vit en lui, selon ses impulsions.
Les enfants peuvent commencer à taper avec le pinceau brosse, qui formera des taches, avant de tracer des lignes, des courbes ou des formes.
On note que, très tôt, l'enfant met en jeu une activité rythmique, en traçant des boucles.

Remarque

Il est possible que certains enfants inhibés n'osent pas se lancer. L'enseignant peut leur proposer un jeu : « Nos deux mains vont danser ensemble. Maintenant c'est ta main qui va guider la mienne. »

Le temps et l'espace

La structuration spatio-temporelle découle de la connaissance des repères corporels et spatiaux. Elle intervient pour la différenciation des signes orientés, que sont les lettres et leur succession, qui suppose un avant et un après.

Certaines manifestations dans l'écriture traduisent des troubles de cette structuration : lettres mal orientées, déformées, mauvaise perception des différences de grandeur… De même, la reproduction de figures géométriques peut être erronée.

« En matière d'écriture comme en matière de lecture, le symbolisme de la pensée s'inscrit non seulement dans un espace mais dans une durée. Ces deux notions sont indissociables. Le temps s'apprécie souvent en termes spatiaux (proche, long-temps).[1] »

D'ailleurs, le temps est lui-même symbolisé par l'espace :

gauche = passé, centre = maintenant, droite = avenir. Et c'est le sens de notre écriture : de la gauche vers la droite.

Les deux fiches suivantes permettent de travailler non seulement le sens gauche-droite, les notions d'avant et d'après, mais aussi la représentation symbolique.

Fiche 9

Notion d'avant et d'après

Objectif : Préparation à l'organisation de l'écriture (pour écrire la lettre « a », on trace le rond avant la barre ; on écrit : « la maison » et non « maison la » ; dans le mot « par » le « r » est après le « a » et non avant).

Âge : 5 et 6 ans (grande section, CP).

Matériel : Images séquentielles, jetons, bâtonnets, blocs logiques, gommettes.

Successions logiques d'actions

Reconstituer un ordre chronologique avec les images séquentielles.

12. M. Bertholet, *Les Troubles d'apprentissage de l'écriture*, Conférences du Syndicat national des instituteurs, 20 juin 1964, Centre de documentation et d'équipement pédagogique de Lyon.

Successions conventionnelles

Classer des images de trois objets selon un modèle donné. Indiquer quel est le premier, le dernier, où est le commencement, la fin, ce qui est avant, après, au milieu.

Succession d'objets de gauche à droite

Composer des « trains » avec des jetons de couleur, des bâtonnets, des blocs logiques, des gommettes.

a) Selon un modèle donné :

Ex. :

b) Selon une consigne dictée :

– « un bleu, un jaune, un rouge, un rouge, un jaune, un bleu... » ;

– « un carré, un triangle, un rectangle, un rectangle, un triangle, un carré... ». L'enfant pose les objets dans l'ordre dicté (ce dernier exercice conviendra à partir de six ans seulement).

– un carré rouge alterne avec deux triangles bleus (alternance formes et couleurs).

– un grand carré alterne avec deux petits carrés... (alternance de grandeurs).

Les deux derniers exercices conviendront à partir du CP seulement.

Succession des lettres

Introduire à cette notion par l'alternance d'objets disposés de gauche à droite selon un rang : le premier, le deuxième, le troisième...

Repérer celui qui est à gauche, celui qui est à droite (au CP), au milieu ou entre, après, avant.

Succession de sons

Des voyelles courtes et des voyelles longues se succèdent. Le son court est représenté par un trait court, le son long par un trait long.

Exemple : a —

aaaa ————

a a — —

aaaa aaaa ———— ————

Rythme et représentation symbolique

Objectifs :
- Initiation au sens gauche droite de l'écriture.
- Initiation à la représentation symbolique qui prépare à la liaison lecture-écriture.
- Éducation de la perception auditive.
- Approche des codes graphiques et linguistiques.

Âge : $5\frac{1}{2}$- 6 ans (fin de grande section, CP).

Matériel : Pour chaque enfant, une flèche en carton orientée gauche droite ; 10 jetons et 10 bûchettes ; un tambourin et une clochette ; des objets « sonorisables » (noix de coco, boîte métallique…).

Représentation par un objet

Placer un jeton sur la flèche à chaque frapper de tambourin, placer une bûchette quand on entend la clochette.

Alterner :

– 1 /1 c'est-à-dire 1 frapper de tambourin et 1 fois la clochette :

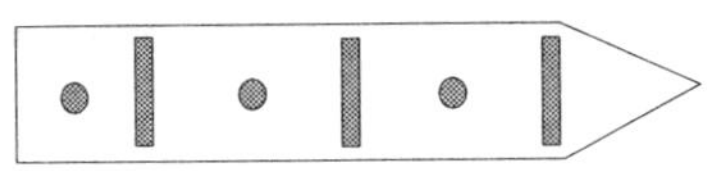

– 2 /1 c'est-à-dire 2 frappers de tambourin et 1 fois la clochette :

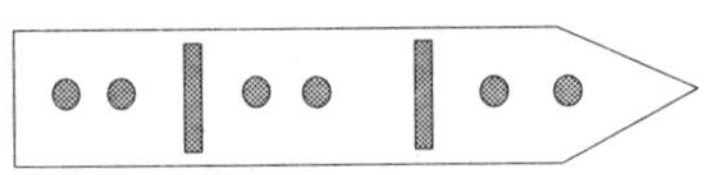

– 3 /1 c'est-à-dire 3 frappers de tambourin et 1 fois la clochette :

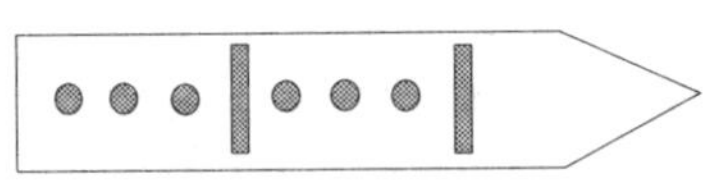

– 2 /2 c'est-à-dire 2 frappers de tambourin et 2 fois la clochette (etc.) :

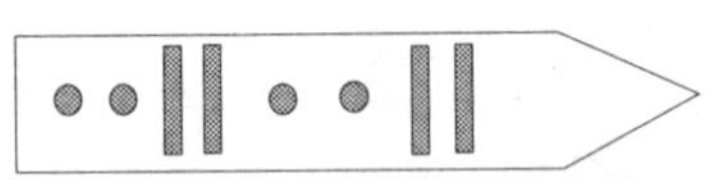

Variante

Pour les plus grands, augmenter la difficulté en remplaçant les jetons et les bûchettes par des carrés et des triangles, puis par des jetons de couleurs différentes ou encore par des blocs logiques.

Représentation par un graphisme

1. Transcription graphique de sons produits en frappant sur des objets symbolisés par un signe.
Exemple : noix de coco symbolisée par un trait vertical, clochette symbolisée par un cercle, boîte métallique symbolisée par une croix.
L'enseignant tape une fois sur la noix de coco : faire un trait ; la clochette sonne deux fois : dessiner deux cercles ; un coup sur la boîte métallique : faire une croix.
On fera varier les structures, sans dépasser trois éléments au début.

2. À l'inverse, production du son correspondant au symbole de l'objet.
Exemple : les symboles I I O X X correspondent à taper deux fois sur la noix de coco, agiter une fois la clochette, frapper deux fois sur la boîte métallique.

Variante

Représentation graphique des sons selon leur intensité au tambourin : les sons forts sont représentés par un grand trait et les sons faibles par un trait plus petit.

La dominance latérale

« L'homme pense parce qu'il a deux mains. Penser vient de "pensare" qui veut dire peser, équilibrer[1] ».
Les deux mains sont complémentaires, mais la prédominance du tonus d'un côté de l'axe corporel entraîne une prévalence manuelle de ce côté. Selon Wallon[2], la main active a l'initiative de l'acte et la main équilibrante en assure la réalisation. Ainsi la latéralité peut se définir comme une « asymétrie fonctionnelle ».
Très tôt, le bébé commence à différencier ses deux mains ce qui apporte des indices sur une prédominance ultérieure d'un côté. Au cours des trois premières années, cette dominance sera fluctuante et constituera simplement une première base. Selon M.-A. du Pasquier, qui s'appuie sur des travaux réalisés par Ajuriaguerra et

1. M. Jousse, *op. cit.*
2. H. Wallon, *L'Évolution psychologique de l'enfant*, Armand Colin, 1995.

Marcelli, il y aurait 40 % d'enfants de quatre-cinq ans qui ne sont pas nettement latéralisés et 20 % à cinq-sept ans. « Selon les moments de l'évolution, la fonction latéralisante s'avère plus ou moins prépondérante. Il existe ainsi des périodes où l'enfant semble perdre une prédominance latérale qui paraissait établie. C'est que d'autres systèmes de fonctionnement sont alors prioritaires. Des fluctuations tout à fait normales s'observent donc dans les premières années[1]. »

Il y aurait deux périodes d'instabilité qui se situent entre deux et trois ans puis entre quatre et cinq ans.

Quelle attitude avoir?

Les hésitations que l'on constate durant ces deux périodes d'instabilité ne constituent en aucun cas un phénomène pathologique. Elles nécessitent de la prudence de la part de l'adulte qui doit rester à l'écoute, ne pas trancher trop vite, attendre que la maturation se poursuive et que l'enfant puisse s'auto-organiser au mieux en accord avec son équipement neurologique. Il ne faut donc pas attacher d'importance aux changements de main pour la peinture et le dessin, et s'en tenir à observer sans rien dire.

La sérénité de l'entourage est le meilleur garant de la réussite de l'enfant dans le choix de sa main dominante pour écrire.

Deux écueils sont à éviter :

– conclure trop vite qu'un enfant est gaucher et, par crainte de le contrarier, l'encourager à gauche sans savoir si sa latéralité est vraiment affirmée. Le risque serait d'en faire un droitier contrarié ;

– vouloir à tout prix encourager la main droite chez un enfant dont l'équipement neuromoteur favorise la gauche.

C'est en observant quelle main l'enfant utilise dans des activités libres comme le dessin et la peinture que l'on pourra recueillir des indices. L'observation doit être très neutre, sans remarques, afin que l'enfant agisse librement. Se sentant observé, il pourrait chercher à se conformer à ce que l'adulte semble généralement préférer (la gauche n'a-t-elle pas déjà pour lui quelque connotation négative ?). Il risquerait d'intérioriser un interdit et d'utiliser sa main droite, même si elle n'est pas la plus fonctionnelle pour lui.

Le docteur Le Boulch met en garde contre une éducation autoritaire qui, en limitant les initiatives de l'enfant, entraînerait un

1. M.-A. du Pasquier-Graal, « Les Enfants gauchers », Colloque de Grenoble, « L'écriture de l'enfant», septembre 1994.

risque de discordance entre la latéralité spontanée et la latéralité d'utilisation.
À l'école maternelle, si l'organisation de la latéralité est une conquête active de chaque enfant sans intrusion anxieuse de l'adulte, la conséquence sera une unité intérieure et une cohérence gestuelle.

Les particularités de la latéralisation

Parmi les enfants bien latéralisés, on trouve :
– les droitiers homogènes (œil droit, main droite, pied droit) ;
– les gauchers homogènes (plus rares) ;
– ceux dont la latéralité n'est pas homogène (la répartition des fonctions est bilatérale).
Les travaux de M. Auzias[1] tendent à prouver que la latéralité oculaire n'a pas d'incidence sur la latéralité graphique en ce qui concerne l'écriture. *L'œil de visée ne déterminerait donc en aucun cas le choix de la main.* Il existe un grand pourcentage de gauchers de l'œil parmi les droitiers et inversement. Beaucoup de gauchers visent de l'œil droit

Les ambidextres

Est ambidextre celui qui utilise indifféremment et de la même manière ses deux mains pour la même activité, par exemple pour écrire. Cette particularité ne doit pas être confondue avec la latéralité non homogène.
Contrairement à ce que l'on entend parfois, être ambidextre n'est pas un avantage. En effet, quand la latéralité est bien définie, le tonus privilégie le côté dominant, et le dynamisme du mouvement graphique, avec l'élan vers la droite qui le caractérise, se trouve renforcé. En revanche, une bilatéralité – fruit d'une indécision – ne favorise pas le dynamisme de l'énergie vitale, mais entraîne un temps d'hésitation entre la droite et la gauche qui gêne l'organisation du geste.
Si cette ambivalence graphique se prolonge au-delà des débuts de l'apprentissage, « elle mérite qu'on y prête la plus grande attention [... en effet] les passages d'une main à l'autre, s'ils se prolongent, sont le plus souvent à mettre au compte d'une difficulté d'ordre psychologique et renvoient à une autre problématique que celle du choix d'une main[2] ».

1. M. Auzias, I. Casati, C. Cellier, R. Delaye, F. Verleure, *Enfant gaucher, enfant droitier*, Delachaux et Niestlé, 1975.
2. M.-A. du Pasquier-Graal, *op. cit.*

Connaissance de la gauche et de la droite

M.-A. du Pasquier précise qu'à six ans, 86 % des enfants peuvent désigner leur main droite et leur main gauche. Pour ce qui est de désigner la main droite et la main gauche d'une personne située en face d'eux : 34 % sont capables de le faire à six ans (les droitiers réussissent mieux cette épreuve puisqu'on compte seulement 9 % de gauchers qui y parviennent) ; 50 % à sept ans ; 80 % à huit ans.

« Pouvoir montrer sa main, son œil ou son oreille, droit ou gauche, est possible vers sept-huit ans. Mais imiter les gestes de quelqu'un en face, en transposant sur soi, n'est possible que vers neuf-dix ans. *Imiter une reproduction imagée* n'est obtenu que vers dix-douze ans.[1] »

Avant d'affirmer qu'un enfant est droitier ou gaucher, il faut lui proposer des moyens de découvrir son côté préférentiel, le plus tonique, où il se sent le plus habile et qui correspond à une dominance hémisphérique.

Selon J. Le Boulch, « la latéralisation est la traduction d'une prédominance motrice portant sur les segments droits ou gauches et en rapport avec une accélération de maturation des centres sensitivo-moteurs de l'un des hémisphères cérébraux[2] ». Il ajoute que la latéralisation se manifeste dans les praxies et se consolide normalement par la pratique de *coordinations globales et dans les jeux.*

Au fur et à mesure que se développe un côté dominant, il s'établit un point de référence *par rapport à soi* qui favorise une meilleure adaptation aux situations d'apprentissage.

L'enfant doit avoir fait le choix entre la droite et la gauche, de façon franche et décisive pour aborder la lecture et l'écriture. C'est d'ailleurs vers six ans que la latéralité se stabilise.

M. Auzias a mis au point un test comportant des gestes très différenciés qui déterminent d'une manière précise la main préférentielle pour l'écriture[3].

En cas d'hésitation

Si le choix de main devient une question préoccupante, au moment du passage à l'écriture, il paraît nécessaire d'évaluer, pour établir le côté prévalent :

– les possibilités sur le plan moteur,

1. M.-A. du Pasquier-Graal, *Les Gauchers du bon côté*, Hachette, 1987.
2. J. Le Boulch, *Le Développement psychomoteur de la naissance à six ans*, ESF, 1984.
3. M. Auzias, *op. cit.*

– les coordinations des mouvements,
– le contrôle du geste.

On note cependant peu de cas de problèmes persistants.

L'hésitation entre les deux mains, la non-coordination expriment parfois des difficultés affectives : tel enfant se situe mal par rapport à ses parents, il a le souci d'imitation ou de répondre à ce qu'il croit être leur désir.

Ces difficultés peuvent être passagères. M.-A. du Pasquier souligne combien l'identité de l'enfant est engagée dans ce choix : « cette identité corporelle l'inscrit dans le lot des identifications auxquelles il est assigné au sein d'une famille[1] ».

Comment s'établit la latéralité

L'enfant a besoin de différencier d'abord les deux côtés de son corps, puis d'utiliser sa main prévalante pour parvenir à une latéralité bien établie, soit à droite soit à gauche.

Comme on l'a vu, la latéralisation suppose un bon schéma corporel, de connaître les différents segments de son corps et de bien *se repérer dans son corps.* Elle implique une bonne orientation dans *l'espace* et une bonne représentation. Ce sont les conditions premières qui permettent à l'enfant de reconnaître et d'utiliser le côté prédominant de son corps, puis sa main prédominante.

La latéralisation de l'enfant sera réussie si elle se fait progressivement, si aucune intervention intempestive ou pression n'intervient, surtout dans les activités graphiques. L'enfant doit pouvoir *s'auto-organiser* librement, à l'écoute de son corps, et des réelles possibilités de son équipement neuromoteur. C'est au cours de ses *tâtonnements* que l'enfant découvre ses meilleures possibilités. « L'alternance est un phénomène très important dans l'apprentissage des actes, si c'est raté à droite, le sujet essaie à gauche[2]. »

Dans l'écriture, si c'est la main dominante qui a l'initiative de la scription, il ne faut pas oublier que l'autre main doit servir de point d'appui et d'équilibrage. C'est elle qui tient la feuille et c'est sur elle que le corps doit s'appuyer pour faciliter le mouvement de translation vers la droite. À côté d'une latéralité dominante, il y a une latéralité complémentaire qui joue aussi son rôle.

1. *Op. cit.*
2. L. Lurçat et H. Wallon, « Bulletin de l'association française de psychologie scolaire », n° 9, 1972.

Exercices de latéralisation

Les exercices des fiches 1 à 4 (voir précédemment) pour l'élaboration du schéma corporel et l'organisation spatiale concourent à l'établissement de la latéralité. On rappelle que si l'enfant connaît bien son corps au niveau du vécu et du senti, et pas simplement intellectuellement, s'il a de bons repères spatiaux, la latéralisation ne pose en général aucun problème.

Pour ceux qui ont plus de difficultés, la fiche 11 (ci-après) permettra une prise de conscience susceptible de renforcer la tonicité et la connaissance du côté dominant.

On peut en outre exploiter les situations de la vie quotidienne, comme par exemple :

– Au cours de promenades, demander à l'enfant de diriger le trajet. Quand il dit de tourner à droite ou à gauche, il se rend compte si la direction prise alors est bien celle qu'il a prévue.

– Quand il met la table, il apprend à tenir et à poser les couverts, mais aussi à les disposer à droite et à gauche.

– Les rondes font intervenir successivement les deux mains, ainsi que les jeux comme « Bonjour ma cousine… ».

Les activités de la vie courante préparent la main à la transposition graphique. Les enfants de grande section peuvent plus facilement représenter graphiquement la mise du couvert s'ils l'ont vécue corporellement avant. Nombre de ces activités mettent en œuvre la fonction d'ajustement, associée à une verbalisation qui renforce l'organisation fonctionnelle de la motricité et met de l'ordre et de l'unité dans l'action.

Fiche 11

Intégration de la latéralité

Objectif : Appropriation progressive de la gauche et de la droite.	**Âge :** 5-6 ans (grande section, CP). **Matériel :** Une balle pour chacun.

Première étape : Le haut et le bas, la pesanteur

Partir des notions de verticalité, horizontalité et des directions qu'elles permettent (cf. fiche 1).

Faire des changements de position dans l'espace :
– lever la main vers le haut, la baisser ;
– en position couchée : lever le pied vers le haut – sentir son poids –, le ramener vers le bas ; lever le bras vers le haut, l'abaisser (prise de conscience de la pesanteur).
Rappeler les notions haut-bas dans la pièce, puis sur le tableau, puis sur une feuille fixée sur le mur.

Deuxième étape : La position verticale

Parler de l'axe vertébral en position debout puis chercher toutes les lignes verticales dans la pièce : les portes, les tableaux, etc.

Troisième étape : L'horizontalité

Découvrir d'autres lignes qui ne sont pas verticales : elles les coupent à angle droit. Chercher les horizontales de la pièce.

Quatrième étape : Le corps et l'espace

Se placer debout, les bras étendus horizontalement. Explorer toutes les directions. L'enfant découvre qu'il y en a une infinité et qu'il peut décrire un cercle dans l'espace autour de son axe vertébral.

Cinquième étape : « Mon corps est le référent »

Chacun a une balle dans sa main droite, bras tendu vers le haut. L'enseignant tourne le dos et explique : « Ma main droite tient la balle, la balle est du côté du radiateur. Je me retourne, j'ai gardé la balle dans la même main, mais elle est maintenant du côté de la fenêtre. »
Se repérer par rapport au radiateur et se retourner main droite côté fenêtre.
L'enfant est amené à constater que la notion de droite-gauche est d'abord inscrite *sur son propre corps*, et que c'est *par rapport à soi-même* qu'on peut *se repérer dans l'espace*. « La droite, c'est ma droite. La gauche, c'est ma gauche. »
Il ne faut pas s'attendre à ce que cet exercice soit réussi la première fois...

Prolongements

– Exécuter des mouvements dans l'espace, avec les deux côtés du corps, alternativement. Demander à l'enfant de quel côté il est le plus à l'aise, qu'il ressent le plus habile.
– Évolution libre dans la salle : au signal du tambourin, les enfants partent à cloche-pied, d'abord sur le pied droit repéré au départ, jusqu'au prochain signal : on s'arrête pieds joints,

puis on repart à cloche-pied sur le pied gauche au signal du tambourin.
– Faire rouler un cerceau avec une main, avec l'autre.
– Faire rouler un ballon avec un pied, avec l'autre, avec le pied le plus habile. Verbaliser (« Quel est le pied que tu sens le plus fort ? »).
– Jeu de la marelle (renforce la latéralité).
– Les enfants sont assis. Lever la main droite au son du tambourin, et la main gauche au son d'une clochette (CP ou fin de la grande section).
– Des cerceaux sont disposés sur le sol. Au signal, les enfants posent soit le pied droit soit le pied gauche dans le cercle.
– Faire rouler une balle sur son corps, du côté droit, du côté gauche, de haut en bas et de bas en haut (à partir de la moyenne section).
– Mettre la main droite sur la tête, sur l'épaule gauche, sur l'œil droit, etc. (en CP seulement).
– Tous les exercices de balle.

La représentation mentale

La fonction d'intériorisation

Après le corps agi, le corps perçu, le corps orienté, nous arrivons au corps représenté et à l'image motrice d'une action. Toutes ces notions sont en fait très imbriquées et en interaction. L'image de soi résulte de la synthèse des diverses données sensorielles, elle est une représentation de notre corps sans cesse remaniée au cours de notre évolution.
Les schèmes moteurs ne peuvent s'organiser qu'à partir du schéma corporel et en s'appuyant sur lui. Pour écrire, l'enfant doit avoir une bonne représentation de son corps, spécialement du bras, de l'épaule, des doigts.
Stimuler la fonction d'intériorisation pour créer des images mentales permet au geste de s'affiner, de se préciser, d'être disponible pour des actions plus complexes. « En prolongeant l'action corporelle, l'acte graphique améliore la représentation mentale ; en lui donnant un soubassement précis, il permet à l'enfant de visualiser et mémoriser les sensations, les notions, les acquisitions[1] ».

1. Vayer, *op. cit.*

C'est à partir de deux ans et demi-trois ans que l'enfant peut commencer à régler son activité sur des images, des représentations mentales de l'objet absent. Entre quatre et cinq ans, il est capable de dessiner une situation hors du champ visuel.
Chaque fois que l'attention se porte sur les sensations, la fonction d'intériorisation est mise en jeu.
Elle permet la prise de conscience des contractions inutiles qui parasitent le geste, dans toute action, et en particulier dans l'acte graphique.

Faire appel à la faculté d'invention

Dans tous les exercices proposés (« Que peux-tu faire avec un ballon ? ce cerceau ? » etc.), la fonction symbolique est mise en jeu, l'imaginaire « branché » sur l'action. Le corps est ainsi sollicité de façon plus personnelle et originale, de même que l'intelligence et la faculté de représentation. Le cerceau peut devenir le volant d'une voiture, un chapeau, un sac sur l'épaule, etc. Donner à l'enfant la liberté d'inventer, c'est faire appel à son désir de chercher, de trouver, c'est ainsi mobiliser son énergie vitale, sa concentration et toutes ses activités psychiques.
Il ne faudra pas confondre cette attitude de confiance dans ses richesses naturelles – surtout en cette période privilégiée de sa vie – avec « le laisser faire tout ce qu'il veut » qui serait une démission. Dans son appétit de savoir qui le caractérise, l'enfant a besoin d'un espace affectif où la qualité de présence de l'adulte représente pour lui une relation vraie sur laquelle il peut étayer son désir. Démissionner, c'est au contraire l'abandonner à lui-même.

La phase d'intériorisation

Les tâtonnements, les essais et erreurs, qui conduisent à la réalisation d'un acte, suscitent une réflexion, déclenchent une opération mentale puis une image motrice qui éclaire le chemin de l'action. *L'intelligence préside à l'élaboration des automatismes.* Des schèmes moteurs vont se créer, se perfectionner dans des activités semblables puis de plus en plus complexes, jusqu'à ce que l'enregistrement corporel soit suffisamment bien établi pour que la réflexion ne soit plus nécessaire. Le corps lui-même s'est imprégné d'intelligence, le geste peut alors se faire seul avec naturel et spontanéité. Un automatisme est né, permettant à l'intelligence une nouvelle disponibilité pour d'autres découvertes.

Il n'y a pas eu conditionnement dans la mesure où la phase de tâtonnement a été respectée, laissant à l'acte moteur suffisamment de plasticité. L'enfant a reçu des directives souples à travers un modèle visuel et kinesthésique qu'il essaye d'imiter selon son équipement personnel.

Parfois il échoue dans ses tentatives. Il est alors amené à modifier son schéma d'action et cela aussi est formateur, parce qu'en cherchant il apprend, il fait jouer sa fonction d'intériorisation. Une activité mentale intense est mise en route qui le rend capable de concentrer son attention. S'il se décourage, il aura peut-être besoin d'un « coup de pouce » qui le remette sur la voie de la recherche.

La représentation mentale se construit à partir d'images intériorisées qui lui parviennent de conduits sensoriels très divers. L'éveil des sens, non seulement visuels et tactiles, mais également gustatifs, auditifs, olfactifs, concourt à la création d'images avec les sensations proprioceptives. Le capital d'informations provenant du monde extérieur enrichit *la communication qui est une des fonctions principales de l'écriture*. Les données issues des sens, bien intériorisées, précisent et rendent objective la connaissance.

La représentation mentale précède l'action, elle est nécessaire à l'apprentissage. Certains enfants, plus que d'autres, ont besoin d'un temps de latence avant l'action. Leur attitude est apparemment passive. En réalité, ils engrangent des schèmes d'action, des images motrices se constituent. *Ils apprennent en regardant* les exercices corporels qu'ils exécuteront très bien par la suite. De même, on le répète, il est important qu'un enfant voit un adulte écrire, pour s'imprégner du geste graphique.

L'image du corps

C'est d'abord à travers le ressenti de la vie quotidienne que se construit l'image du corps, avec la toilette principalement, mais aussi avec les jeux fonctionnels.

L'expérience du miroir vient compléter cette connaissance : l'enfant se voit, reconnaît ce personnage reflété comme étant lui-même, entité globale, il se prend en considération et son « je » acquiert de plus en plus d'importance. L'enfant de trois ans commence à s'affirmer, conscient de son moi qui commence à s'imposer – parfois d'ailleurs en s'opposant à celui auquel il s'identifie – pour se différencier et trouver sa propre identité.

L'imagination joue un grand rôle dans l'élaboration de son image. Le jeu symbolique (faire semblant) est un moyen d'actualiser ses désirs, de rêver, et même de laisser libre cours à ses fantasmes. *C'est dans le jeu symbolique que le moi devient je.*

L'enfant se projette dans ses dessins, dans toute trace graphique qui n'est plus seulement décharge motrice, jeu fonctionnel, mais qui répond à une intention et qui est projection de son moi intime. Ces formes figuratives, comme bientôt son écriture, sont le reflet de sa personnalité. Elles constituent un autre miroir dans lequel il se voit, à travers lequel son moi devient « je » : « ma trace, c'est moi, elle m'appartient, je la donne ou je la garde, je suis libre de produire ou de retenir », selon ce qu'elle véhicule dans son inconscient (car c'est bien à ce niveau que cela se passe). L'enfant réagit en fonction de ce qu'il croit percevoir chez autrui.

Quelles que soient les qualités des productions graphiques, elles doivent être regardées comme image actuelle de son moi, la traduction de sa vie intérieure. Il ne faut pas les juger sur un plan esthétique. Un gribouillage informe, agressif peut exprimer sa colère, sa souffrance, ses rêves, ses fantasmes.

Son imaginaire, qui transparaît à travers ses tracés, a droit de cité et joue un rôle effectif dans l'évolution de son image.

Mais l'enfant ne peut pas s'enfermer dans l'imaginaire, il doit sortir de ses fantasmes. L'éducation perceptivomotrice, pratiquée à l'école maternelle, offre les moyens de découvrir cet univers organisé et structuré, pour faire passer progressivement l'enfant d'un monde magique, signe de l'imaginaire, à un monde objectif où pourra s'exercer son « imagination créatrice ».

La sensorialité mise en éveil, l'écoute du corps, l'attention portée sur le ressenti dans les muscles au cours des mouvements, sur les sensations tactiles, tout cet ensemble de communications avec le monde extérieur est capté par l'enfant. Le réel va le pénétrer, enrichissant son imaginaire, sa vision des choses et sa représentation mentale de l'espace, du monde environnant et de son corps dans cet espace. Ces nouvelles données augmentent ses possibilités d'action. Il va pouvoir mieux maîtriser les objets.

L'évolution des praxies est fonction des images mentales successives créées au cours des exercices. Dans le découpage, par exemple, s'il a bien intégré les différentes étapes, il avancera aisément. Il en sera de même pour l'écriture. On ne peut pas dissocier l'évolution des praxies de l'image du corps, de la perception et de la représentation de l'espace.

Le dessin du bonhomme et l'image du corps

Vers 3 ans :

Vers 4 ans :

Vers 5 ans :

Vers 6-7 ans :
le dessin ne comporte plus d'erreurs importantes.

Il faut bien sûr tenir compte de l'aspect projectif de l'épreuve : « Le personnage que l'enfant transcrit est donc un personnage vécu, comme accepté ou rejeté par l'entourage et donc déformé par l'activité fantasmatique[1] ».

Conditions nécessaires pour la mise en place de l'écriture

La coordination oculomanuelle

L'écriture est un acte visuomoteur : l'œil suit le tracé et le contrôle, il permet de prévoir en devançant le geste.
Lancer et rattraper sont des activités majeures d'une grande portée éducative ; on pense aussi au laçage, à la confection de nœuds avec un lacet, un ruban…, à la construction de tours avec des cubes[2] pour les petits de deux à quatre ans.
Selon M. Auzias, c'est entre trois et quatre ans que se perfectionne la coordination des mouvements de la main et des yeux.
Tous les exercices de motricité fine, les dessins, tous les mouvements où le regard suit le trajet de la main développent cette coordination.

1. J. Le Boulch, *Vers une science du mouvement humain*, ESF, 1971.
2. Matériel Montessori, Association Montessori de France, 23 rue de Chalendray, 91230 Montgeron.

Fiche 12

Maîtriser l'acte visuomoteur

Objectifs : – Affiner la coordination oculo-manuelle. – Relier un point à un autre.	**Âge :** 5 1/2-6 ans. **Matériel :** Tableau, craie, feuilles de différents formats, crayons.

Déroulement

L'exercice est fait d'abord au tableau : le point de départ est indiqué par une croix ainsi que le point d'arrivée situé assez loin.

L'enfant, bien équilibré sur ses deux pieds, a ses bras disponibles. Il place la craie sur le point de départ et son regard se dirige sur le point d'arrivée (où il restera fixé pendant tout le tracé). Il commence alors à tracer la ligne.

Variante

Le même exercice est exécuté ensuite sur une grande feuille, puis sur un format scolaire.

Une bonne régulation tonique

Le tonus est « un état de contraction légère et permanente des muscles striés, assurant l'équilibre du corps au repos et le maintien des attitudes[1] ». Il joue un rôle important dans l'activité musculaire de la fonction cinétique : dans la marche, la préhension des objets, dans toutes les activités manuelles et particulièrement dans la praxie-écriture. Il constitue l'étoffe des postures et des attitudes. Toutes les fonctions psychiques convergent vers le même objet de connaissance, dans une attitude de réceptivité à la perception très favorable à la concentration, à l'activité mentale et, par conséquent, aux acquisitions.

La fonction tonique est la source d'où s'édifie la vie affective. Elle est constituée d'un ensemble de différentes fonctions psychiques dont elle sert de principe d'unification. C'est elle qui gère, qui régule l'énergie. La motivation à apprendre suppose une attitude tonique.

1. R. Lafon, *Vocabulaire de psychopédagogie et de psychiatrie de l'enfant*, PUF, 1969.

La conduite du geste

La conduite du geste graphique dépend de l'état de tension du sujet et des facteurs d'anxiété, d'émotivité, qui interfèrent. Les hypertoniques sont tendus à l'extrême : le graphisme est très appuyé, saccadé. Les hypotoniques ont une tonicité musculaire insuffisante : le tracé est mou, lent.

Notre écriture change selon notre état de tension. Ce n'est pas seulement la main qui est en cause, mais toute la stabilité posturale : les crispations sont visibles dans le dos, dans les épaules et descendent dans le bras scripteur, le poignet, les doigts.

Des phénomènes douloureux peuvent s'installer, une ébauche de crampe peut apparaître.

La communication tonico-affective

Le corps parle à travers des attitudes. Il peut traduire un malaise par des manifestations toniques et posturales. La peur, l'insécurité peuvent ainsi le bloquer.

Il peut arriver qu'un enfant de six ans, en abordant le CP, se trouve très crispé sur son crayon, alors que la prise de l'instrument paraissait aisée en fin de maternelle. Les acquisitions encore fragiles peuvent être remises en question : il aura alors besoin d'être rassuré si la transition semble être difficile pour lui.

La régulation du tonus et l'économie du geste

Un meilleur dosage, une meilleure régulation du tonus évitent la fatigue et permettent un geste graphique plus aisé. La relaxation et le climat de détente, en agissant sur les rythmes biologiques, permettent cette régulation de l'énergie qui va pouvoir s'investir dans l'acte graphique de façon plus adéquate.

Le rythme appartient à la fonction tonico-cinétique et, de ce fait, les exercices rythmiques participent à la structuration tonique. De même, les exercices pré-graphiques qui se font dans la détente. Le professeur Wallon attribue à « l'état tonique un rôle central dans les variations de style observables entre écritures d'enfants du même âge[1] ».

1. H. Wallon, *De l'acte à la pensée*, Flammarion, 1970.

Tonus et latéralité

Le tonus joue un rôle important dans l'établissement de la latéralité : c'est lui qui guide l'impulsion motrice, laquelle va induire, à son tour, l'organisation tonique. À travers toute activité motrice, un dialogue fonctionnel s'établit entre les deux.

Relaxation générale et segmentaire

« Par la relaxation, nous découvrons, non le corps que nous avons, mais celui que nous sommes »[1]. Les enfants ont besoin de se décontracter avant d'aborder une activité qui demande de l'attention.

Quand ils sont détendus, ils peuvent être réceptifs, entendre les consignes et fixer leur attention. L'enseignant peut accompagner efficacement la détente des enfants s'il a lui-même acquis la possibilité d'entrer en état de détente, de parvenir à cet état de bien-être, de vrai-être qui se communique aux autres.

Détente en position assise équilibrée. Relaxation segmentaire

1. Crisper très fort **les épaules** en les remontant, puis les relâcher. Les yeux fermés, sentir ce qui se passe dans les épaules et les omoplates.

2. Laisser pendre **les bras**, les secouer un peu puis les balancer doucement. Arrêter tout mouvement et sentir ce qui se passe dans chaque bras.

3. Bras le long du corps, secouer la main légèrement pour détendre **les poignets**.

4. Serrer puis relâcher **la main**. Main détendue, posée sur la table, tapoter doucement le pupitre en chantant : « gouttelettes de pluie ». Caresser un coussin en gestes d'aller-retour.

5. **Le visage** : froncer très fort les sourcils, détendre. crisper les paupières, relâcher.

Il faut inciter l'enfant à explorer ses sensations musculaires et articulaires, à bien sentir l'inconfort des crispations provoquées, pour mieux éprouver la détente qui suit dans le relâchement. Pour les plus grands surtout, encourager à verbaliser le ressenti.

1. Y. Berge, *op. cit.*

Détente en cours d'exercice

Il faut veiller à ne pas laisser s'installer la crispation en cours d'exercices préparatoires à l'écriture, ni dans l'apprentissage, car il s'établirait des barrières et les techniques les meilleures ne rempliraient plus leur rôle : « Cette capacité du corps à se laisser informer par son environnement peut être limitée par le phénomène pathologique de la crispation »[1].

D'où la nécessité d'être vigilant, de ne jamais laisser l'enfant aller trop loin, d'interrompre l'exercice qui exige trop de tension pour le remplacer par de la détente.

1. M. Jousse, *op. cit.*

2

Pré-apprentissages spécifiques

La motricité fine manuelle

La main est l'instrument au service de l'intelligence. Si l'on commençait par éduquer la main de l'enfant, selon Bergson, « on accroîtrait singulièrement ce qu'il y a d'inventivité dans le monde ». Il ajoute : « Si on perfectionne le toucher au point d'en faire un tact, l'intelligence remontera de la main à la tête »[1].

L'acte d'écrire est le fruit d'un mécanisme moteur imprégné d'intelligence et d'affectivité qui suppose une maturité intellectuelle et affective. Montessori a décomposé ce mécanisme en deux sortes de mouvements : celui dont dépend le maniement de l'instrument, et celui dont dépend la forme des lettres.

Le maniement de l'instrument

Il s'agit d'apprendre à tenir l'instrument sans serrer trop fort, donc sans crispation, mais avec une fermeté suffisante. Cette préhension adéquate est facilitée par des exercices sensorimoteurs qui sollicitent et sensibilisent la pulpe de l'extrémité des doigts (voir fiches 23, 25, 37). Il faut aussi :

– favoriser le travail de pince avec le pouce et l'index, avec le pouce et le majeur, entre le pouce, le majeur et l'index ;

1. Henri Bergson, *L'Évolution créatrice*, PUF, 1994.

– affiner l'habileté par la prise d'objets de plus en plus petits, par des exercices de dextérité. On rappelle que le bon développement de la dextérité ne peut se cultiver isolément, mais en s'appuyant sur un travail de dynamique générale : tout le corps est concerné dans la posture, la bonne assise, qui facilitent l'action ;
– apprendre à saisir délicatement des volumes sphériques et à les enfiler sur un axe (des perles, des marrons troués, etc.) ;
– apprendre à poser des objets sur une ligne tracée (graines, lentilles, bouchons…).

Les travaux manuels permettent de développer cette motricité fine : le découpage, le déchirage le long d'une ligne, le déchiquetage, le collage, le modelage, le coloriage, la peinture et le dessin (voir fiches 33, 34, 35, 36). Parallèlement, il faut éduquer la flexion du pouce ainsi que la flexion-extension des trois doigts sur l'instrument (voir fiches 38, 39).

Le mouvement préside aux formes des lettres

Montessori dit que « l'élan de l'écriture est un mouvement si personnel que chacun de nous, bien que pratiquant le même alphabet, écrit selon son propre caractère, et qu'il y a autant d'écritures que d'individus. » Il est difficile d'imiter une écriture parce qu'elle est le résultat de multiples facteurs personnels qui engendrent des différences parfois infinitésimales.

Chez l'enfant, « c'est par son propre exercice que s'élaborent et se fixent les mécanismes moteurs obéissant à un processus individuel invisible »[1].

La période « sensible », c'est-à-dire favorable, pour cette mise en place des mécanismes moteurs commence vers trois ans. On peut alors proposer à l'enfant des exercices pour apprendre à conduire le mouvement d'une main légère (voir fiches 19 et 31). « Cet effort pour guider et alléger la main est accompagné de l'aiguisement de la sensibilité tactile des doigts qui devront écrire un jour ».

Les activités manuelles motrices et graphiques vont ensuite affiner le geste, entraîner à la rapidité des mouvements, augmenter la force digitale et assouplir les doigts.

Une main bien entraînée avance avec assurance. Elle se dirige de façon exacte, sans hésitation, parce que l'intégration de gestes précis et bien orientés est réalisée, et que les mécanismes musculaires nécessaires au maniement de l'instrument sont durablement établis.

1. Maria Montessori, *op. cit.*

Des expériences motrices à partir de situations quotidiennes

En apprenant des gestes simples dès l'âge de trois ans, l'enfant affine sa coordination. La vie quotidienne fournit une fois encore de nombreux exemples d'apprentissage :
– Prendre la cuillère et la fourchette, les doigts en pince ; plier une serviette de table.
– Se peigner : laisser à l'enfant le plaisir de tenir le peigne et de se coiffer s'il le demande, même s'il le fait maladroitement.
– S'habiller et se déshabiller ; lacer ses chaussures.
– Participer à des travaux ménagers : tenir la balayette et la pelle (dissociation), mettre la table (organisation d'un espace).
– Aider à la cuisine à couper les courgettes en rondelles (« faire des ronds ») ; tourner la sauce vinaigrette ; presser des jus d'orange (développement de la force digitale), etc.
– Faire de la bicyclette, du patin à roulettes, de la corde à sauter (équilibration).
Beaucoup d'autres exercices ou jeux éducatifs permettent d'améliorer la finesse, la précision, la coordination, la rapidité et le contrôle des mouvements de la main et des doigts. Selon le Pr Ajuriaguerra, « le critère essentiel de choix est que l'exercice plaise à l'enfant, qu'il ne déclenche ni angoisse, ni opposition ». Il faut qu'il y ait appétence.

Des exercices de dissociation

La dissociation permet de mettre en action isolément une partie du corps, de rendre un mouvement indépendant d'un autre. Dans l'écriture, pendant qu'une main écrit, l'autre doit maintenir le papier sans crispation.
Certains exercices gagnent à être faits les yeux fermés pour aider l'enfant à mieux ressentir les gestes et favoriser l'intériorisation et l'image mentale, donc la mémorisation du geste. En même temps, l'enfant intègre mieux son schéma corporel.
Ces exercices doivent être de courte durée et réalisés au début de la journée ou après un travail de détente.

Indépendance du bras par rapport au tronc

Pour que la main jouisse d'une certaine souplesse, il ne faut pas que le bras soit « soudé » au corps mais indépendant et libre dans ses mouvements.

On peut citer quelques exercices spécifiques :
– un bras à l'horizontale sur le côté, l'autre vertical ;
– un bras à l'horizontale en avant, l'autre vertical ;
– un bras à l'horizontale en avant, l'autre oblique vers le haut ;
– un bras oblique vers le haut, l'autre oblique vers le bas, etc.

Dissociation des mains et des doigts

L'enfant doit se libérer des syncinésies (mouvements parasites dus à une mauvaise diffusion tonique). Au début de l'apprentissage, ils sont très fréquents : par exemple, l'enfant tire la langue en écrivant. Toutes les syncinésies devraient disparaître vers dix ans.
Certains exercices, à réaliser à partir de cinq ans et demi-six ans (fin de grande section, CP), vont aider l'enfant en ce sens (les deux mains travaillent en alternance) :
– Pianoter avec les doigts d'une main sur la paume de l'autre main.
– Fermer une main pendant que l'autre s'ouvre.
– Avec l'extrémité des doigts d'une main, tapoter sur la table ; l'autre main reste posée à plat.
– Les mains frappent en même temps la table, l'une avec la face interne, l'autre avec la face externe.
– Avec l'extrémité des doigts des deux mains, tapoter sur la table, en alternant la face interne puis la face externe d'une seule main.
– Une main frappe la table tandis que l'autre la caresse (à partir du CP).
– Une main pétrit de la pâte à modeler pendant que l'autre fait la marionnette ou fait rouler un crayon.
– Une main reste immobile tandis que l'autre fait rouler un objet cylindrique.
– En station debout, une main fait la marionnette, l'autre bras reste ballant. Inverser. On peut reprendre cet exercice en position assise.
– « Chez le boulanger » : une main abaisse et relève le couteau ; l'autre fait glisser le pain.

Dissociation des doigts seulement

– Replier tous les doigts « en griffes », puis un seul à la fois.
– Fermer le poing, le pouce à l'intérieur.
– Fermer le poing, pouce levé.
– Montrer le dos de la main, doigts écartés, en cachant le pouce dans la paume.
– Opposition du pouce à chacun des autres doigts.
– Mains sur la table, soulever alternativement les doigts.

– Pour la force digitale : manipuler des pinces à linge, tordre du linge mouillé…

Fiche 13

Massage des doigts

Objectifs :
– Éveil de la sensorialité.
– Affinement des sensations tactiles des doigts et de toute la main.
– Intégration du schéma corporel.
– Activation du tonus musculaire.
– Détente.

Âge : 5-6 ans (grande section, CP).

Conditions

Pour diriger cet exercice il faut en connaître parfaitement le déroulement et en avoir expérimenté le bienfait.
Il est indispensable qu'il se déroule dans le calme pour que les enfants soient le plus possible présents dans la sensation.
Rappeler régulièrement aux enfants d'être attentifs à ce qui se passe dans le toucher et le mouvement.

Déroulement

1. Frotter les mains comme si on les lavait. Passer entre les doigts allongés.

2. Masser les doigts. Une main masse les doigts de l'autre main en commençant vers l'ongle : entre le pouce et l'index d'une main, serrer le pouce de l'autre main de part et d'autre de l'ongle.
Masser tout le pouce en le vrillant, en tournant, en le chauffant.
Prendre le pouce à pleine main, le renverser, puis le replier.
Procéder ainsi pour chaque doigt jusqu'à l'auriculaire.
Revenir vers l'index en pinçant la peau entre les doigts à l'attache de la paume.

3. Avec le pouce, masser la paume de la main en remontant vers la base des doigts. À pleine main masser le dos de la main. Prendre le temps de comparer les sensations dans les deux mains. Changer de main. Pour terminer, se frotter les paumes, puis secouer les mains en laissant pendre les bras.

Fiche 14

Foulards

Objectifs :
– Indépendance du bras par rapport au tronc.
– Travail de l'axe vertébral.
– Préparation aux mouvements de l'écriture.

Âge : À partir de 4 ans (moyenne section, grande section, CP).

Matériel : Deux foulards par enfant (ou deux bandes d'étoffe de couleur). Prévoir éventuellement un accompagnement musical.

Déroulement

Les enfants ont un foulard dans chaque main. Ils leur font décrire des boucles, des spirales, des vagues, toutes les formes qui sont à la base des lettres.
Veiller à ce que les mouvements ne soient pas seulement périphériques, mais partent de l'axe vertébral.

Variante

Afin de mettre en évidence l'aspect rythmique fondamental de l'écriture, cet exercice peut bénéficier d'un accompagnement musical.

Fiche 15

Bâton et rubans

d'après M.-P. Donnadieu

Objectifs :
Il s'agit des mêmes que précédemment :
– Indépendance du bras par rapport au tronc.
– Travail de l'axe vertébral.
– Préparation aux mouvements de l'écriture.

Âge : À partir de 5 ans (grande section, CP).

Matériel : Un bâton d'environ 30 cm et un ruban de 3 à 4 m de longueur pour chaque enfant.

Conditions

La grande dimension du ruban oblige à une grande ampleur de mouvement et tout le corps est amené ainsi à participer.

Déroulement

Le bâton, sur lequel a été préalablement accroché le ruban, peut être tenu des deux mains ou d'une seule.

1. Commencer par montrer aux enfants :
– les mouvements : devant soi, au-dessus de la tête, sur les côtés ;
– les formes à dessiner : cercles, spirales, vagues, balancements, serpentins, huit. Ils peuvent aussi en inventer.

2. Un enfant commence, les autres regardent.

3. Par groupes de deux : un enfant guide, l'autre imite. Puis inverser les rôles.

4. Par groupes de quatre : un des enfants guide les autres. On cherche comment aider ceux qui n'y arrivent pas.

5. Quand tous les enfants se sont exercés, une des formes produites peut être privilégiée et tout le groupe la reproduit.

6. Ranger : enrouler le ruban autour du bâton, ce qui demande beaucoup de dextérité.

Remarque

Le bâton introduit plus directement aux mouvements prégraphiques.

La trace graphique

Chez les petits, la trace sera faite d'abord avec le doigt, puis avec différents outils scripteurs mis à leur disposition en même temps que des supports variés (papiers divers, tissus, cartes à gratter, liège, rhodoïd...), des matériaux de plusieurs sortes (peinture, encre de Chine pour les grands, sable, pâte plastique, terre...) ainsi que divers instruments (marqueurs, fusains, crayons gras, pinceaux...).
Deux temps sont vécus en alternance.

Le tracé libre

Dans un premier temps, sans consigne de posture, de position, d'intention de dessin, l'enfant joue, à travers des gribouillis, des tracés libres, des simulacres d'écriture, à imiter l'écriture des adultes, il fait semblant de savoir écrire. Cette gratuité est indispensable.
Le plaisir de la trace l'introduit à celui d'écrire qui est le plus sûr moyen de bien écrire. Aucune consigne d'aucune sorte ne doit venir restreindre sa liberté de jouer avec la trace. Le laisser-faire

est, comme toute activité libre, un moment important où l'enfant se découvre dans ses possibilités motrices, dans sa joie de créer, d'explorer l'espace inconnu de la feuille, de tenter son aventure, de donner quelque chose qui vient de lui, de se laisser aller à ce don de la chose qu'il produit.
Ces activités libres doivent être fréquemment proposées.

Le jeu corporel et la trace graphique

« Puis le graphisme s'organise à mesure que s'enrichit l'expérience corporelle très générale fournie par les jeux. Plus tard l'enfant associe une idée à ces tracés encore informes. Enfin, le dessin devient l'expression voulue, consciente, préméditée, d'une représentation mentale. Le dessin commence par le mouvement, se développe et se perfectionne par le mouvement[1]. »
C'est donc sur le jeu corporel que se fonde l'activité graphique. L'enfant sera lui-même « l'hirondelle qui décrit cent boucles en tous sens avant de revenir à son point de départ, l'oiseau qui vole en ligne droite d'un arbre à l'autre[2] ».
Par ce type d'exercices, l'enfant passe du mouvement, qu'il a d'abord intégré dans son corps, à la trace graphique qui suit un trajet déterminé. Il acquiert en même temps la notion de trajectoire. Le tracé est ici mené avec des indications de mouvements, puis des directives concernant les postures, les positions, les intentions.

Fiche 16

Jeu corporel et trace graphique

Objectifs : – Passer du mouvement à la trace graphique. – Notion de trajectoire.	**Âge :** 5 ans (grande section). **Matériel :** Tableau, papier, peinture, crayons.

1. L'oiseau

Le mouvement de l'oiseau est dessiné par une trajectoire dans l'espace par un geste très large du bras, puis par le doigt courant sur le tableau, sur le papier, à la peinture au doigt, avant d'être tracé au crayon sur un papier de format scolaire :

1. Ladislav Havraneck, *La Clef de l'écriture et du dessin*, répertoire du Père Castor, Flammarion, 1954.
2. *Op. cit.*

2. Les poissons, les voiliers

Des lignes sinueuses représentent des poissons qui se promènent dans l'aquarium, des voiliers poussés par le vent...

3. Vers le haut, vers le bas

Le blé pousse : des impulsions parallèles sont dirigées vers le haut.

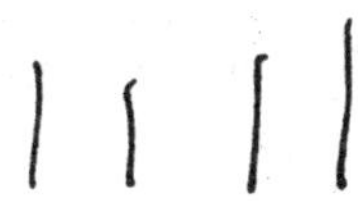

Les prunes tombent de l'arbre : des impulsions parallèles sont dirigées vers le bas.

4. La mer

En s'inspirant de ces exercices, l'enfant peut mimer la mer avec tout son corps dans l'espace, puis avec la main, enfin par un graphisme.

La mer est calme, à peine quelques ondulations apparaissent à la surface de l'eau.

Le vent se lève, des vagues se forment et grossissent.

La tempête arrive, la mer est très agitée.

La tempête s'en va, les remous diminuent. Les hautes vagues et les petites vagues alternent.

Prolongement

À partir de ces exercices, en inventer d'autres.

Parcours et graphisme

Objectifs :
– Vivre corporellement un mouvement tout en suivant un parcours.
– Représentation mentale puis graphique d'un parcours.

Âge : À partir de 5 ans (grande section).

Matériel : Une quinzaine de plots.

Déroulement

Les enfants sont répartis en quatre files. Un autre groupe d'enfants observe.

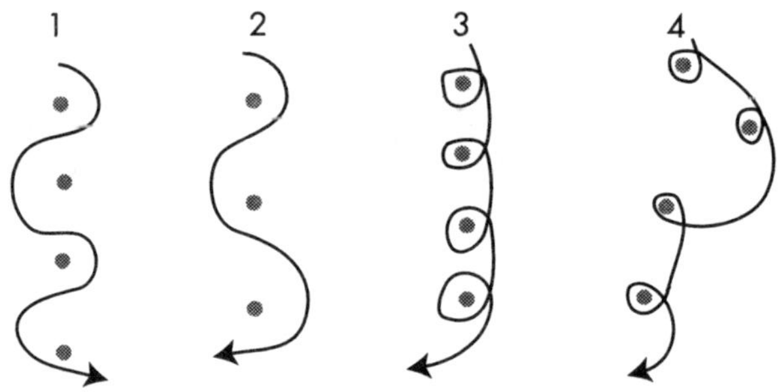

– *File 1 et 2* : décrire un serpentin en circulant entre les plots. Pour la file 2, la distance entre les plots est plus grande, donc le serpentin est plus large.
– *File 3* : décrire une cycloïde en contournant les plots.
– *File 4* : les plots sont répartis de façon à compliquer la cycloïde.
Les plus grands du groupe observateur (au-delà de six ans) essayent de représenter graphiquement les parcours.

Remarques

Le but de cet exercice est de les obliger à s'intéresser à ce qui se passe, à stimuler leur représentation mentale.
Le dessin du parcours sera difficilement réussi, mais il sera l'occasion d'échanges, de réflexions. Il obligera à faire expliciter la situation par le langage, à préciser le vocabulaire.
Même si le résultat graphique est décevant, l'effort de représentation est enrichissant. Un cheminement mental s'accomplit, qui portera des fruits un peu plus tard.

Techniques pictographiques

d'après A. Denner

Objectifs :
– Préparer à l'écriture, en mettant l'accent sur la détente, l'amélioration de la posture, de la maîtrise du geste, de la restructuration tonique.
– Introduire à la composition, à la mise en pages, tout en permettant à la personnalité de l'enfant de s'exprimer.
– Éveiller et donner libre cours à son sens esthétique.

Âge : 6-7 ans (CP).

Matériel : Un coin aménagé pour la peinture, une large surface de travail pour disposer la feuille, papiers de différents formats, pinceaux de bonne qualité et de grosseurs différentes, gros crayons de couleur, papier carbone, peinture à l'eau.

« En recherchant la détente motrice et l'aisance du mouvement, nous obtenons un enrichissement du graphisme et des moyens d'expression[1]. »

Deux types d'exercices

1. Expression de la personnalité :
– Peinture et dessin libres, format et instrument libres.
– Peinture libre avec agrandissement progressif de format : depuis 21 x 29,7 cm jusqu'à 50 x 60 cm.
– Peinture libre et commentaires verbaux.
– Début de commentaires écrits pour les enfants de six-sept ans.

2. Détente motrice : l'enfant peint en position debout ; une bonne statique est exigée. Le buste est face à la table. La nuque, les épaules et les bras sont détendus. Le poignet est légèrement fléchi. Le pinceau est tenu presque verticalement.

1. Arabesque simple au pinceau

L'enfant remplit la feuille de lignes continues. Les couleurs sont limitées à trois pour qu'il ne se disperse pas.
Insister sur la détente : des exercices respiratoires peuvent être introduits en même temps.
Le but est de faire acquérir les postures et positions adéquates, de remplir tout l'espace, d'éviter les levées de pinceaux.

1. A. Denner, M. Auzias, J. de Ajuriaguerra, *L'Écriture de l'enfant*, Paris, Delachaux et Niestlé, 1964.

Ne passer à l'étape suivante que lorsque ces conditions sont réalisées.

2. Arabesque nuancée au pinceau

Durée très courte (deux à quatre minutes).

Travailler la pression du trait : alterner une arabesque foncée et large, c'est-à-dire appuyée, avec un trait clair et fin, c'est-à-dire léger. Il s'agit, selon A. Denner, de « varier l'épaisseur du trait de façon à associer les variations de pression aux variations de nuances ».

Cet exercice convient aux enfants qui ont acquis une certaine maîtrise du geste mais qui appuient trop dans l'écriture : ils apprennent à alléger leur pression grâce au pinceau.

3. Arabesque au gros crayon de couleur

Utiliser des feuilles de format 21 x 29,7 cm.

La main, maintenant habituée à glisser sur le papier, poursuit sa marche d'un mouvement continu et détendu, les postures et positions étant correctes.

Les enfants sont très libres dans la création des formes, dans l'investissement de l'espace et dans le trait.

Le même exercice peut être proposé les yeux fermés. Puis les enfants regardent les formes que la main a créées à leur insu : elles peuvent évoquer par exemple des objets, des plantes, des animaux qu'ils achèveront alors de dessiner.

4. Arabesque nuancée au crayon de couleur avec papier carbone

Utiliser des feuilles de format 21 x 29,7 cm.

Prise de conscience de la pression du trait et de la régularité de l'appui.

À l'aide de papier carbone, et avec seulement trois crayons de couleurs différentes, faire des tracés : traits légers pour des obliques ou des verticales montantes, traits appuyés pour des verticales descendantes, arabesques légères ou appuyées.

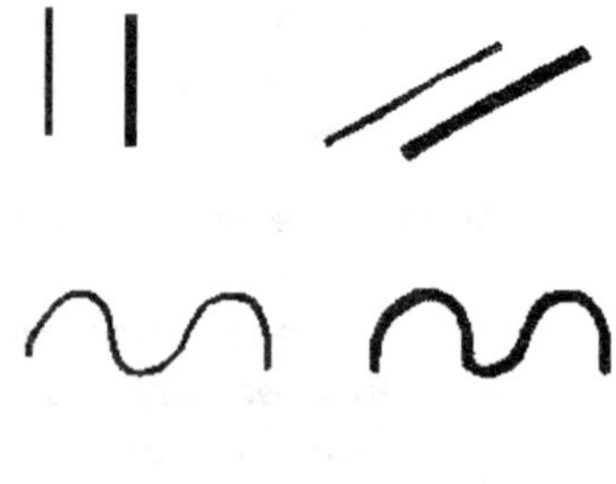

Les enfants aiment utiliser le papier carbone qui, en enregistrant la pression du trait, les aide à en prendre conscience.

Ils peuvent poursuivre au crayon à papier avec des tracés libres ou de simples dessins :

– « Coupes » alternées 

– Arcades alternées 

– Lignes continues verticales appuyées, horizontales légères (les verticales sont toujours dans le sens haut-bas).

5. Remplir une page de petites surfaces

Utiliser des feuilles de grand format (50 x 40 cm environ).
Tracer, avec trois couleurs seulement, des courbes fermées de formes et de grandeurs différentes.
L'enfant, en apprenant à les répartir dans l'espace de la feuille, sera plus apte ensuite à répartir les masses graphiques d'un texte écrit. Il ne doit pas « s'appesantir », mais exécuter l'exercice rapidement, sans appréhension.
Il va ensuite apprendre à faire le remplissage de ces formes avec des verticales, des horizontales ou des obliques, et ainsi s'entraîner à une meilleure maîtrise de gestes qu'il retrouvera dans l'écriture. Le remplissage avec des hachures de haut en bas, par un balancement du pinceau, oblige d'autre part à une flexion du poignet qui fortifie sa tonicité.
« Il est nécessaire d'opérer par touches régulières et ordonnées, dans un sens donné, avec une pression constante[1]. »
Supprimer d'emblée le barbouillage par frottis du pinceau.
Selon A. Denner, ces exercices sont particulièrement utiles pour les enfants bloqués et inhibés.
Pour les gauchers, favoriser le sens de la touche de gauche à droite pour préparer le sens de l'écriture et de haut en bas pour les entraîner à un geste difficile pour eux.

Variante : apprentissage du point

Le pinceau est tenu verticalement. Avec la pointe, effleurer le papier pour obtenir un point fin, ou bien appuyer pour obtenir un point plus large. Cet exercice introduit à la précision du point au crayon.

1. *Op. cit.*

Techniques scriptographiques

d'après M. Auzias

Objectif : Assouplissement et amélioration des positions en cours de mouvement.

Âge : 5-6 ans (grande section, CP).

Matériel : Une grande table autour de laquelle les enfants se regroupent, feuilles de 40 x 50 cm sur lesquelles est dessiné un grand cercle.

C'est toujours la recherche de détente qui est prioritaire car elle empêche les phénomènes de crispation et les conditionnements erronés : « La crispation est un signal d'alarme indiquant que l'ajustement des positions ne se fait pas dans des conditions physiologiques normales[1]. »

À cinq ans, le poignet peut se relever en cours de ligne. Il est posé sur la table entre sept et neuf ans.

Conditions

Commencer par un petit groupe au début, puis augmenter le nombre quand les enfants seront plus expérimentés. Ils pourront par la suite se mettre sur leur bureau habituel en diminuant, si nécessaire, le format de la feuille.

Conseil

Travailler dans le calme pour que les enfants puissent être réceptifs aux sensations du mouvement, du contact avec le papier, du bruit sur la feuille.

Durée

Le temps de repasser trois à cinq fois environ sur le cercle pour les premières séances. La durée pourra augmenter un peu quand l'enfant progressera.

Consignes

Elles concernent les postures adéquates : le buste droit sans raideur, les pieds à plat sur le sol, les épaules détendues et horizontales, l'avant-bras touchant la feuille, la manche étant relevée (pour être plus à l'aise et pour mieux sentir le contact avec le papier). Le bras n'entraîne pas le buste. La main qui n'écrit pas tient la feuille.

1. *Op. cit.*

Les exercices doivent être très progressifs. Donner peu de consignes à la fois.

Première étape

Devant les enfants, tracer un cercle de 30 cm de diamètre environ avec un gros crayon rouge et bleu à facettes. Sur le cercle, dessiner une petite croix en haut et à droite qui sera le point de départ du tracé ; une flèche donne le sens de rotation (inverse des aiguilles d'une montre).

Repasser plusieurs fois, toujours en présence des enfants, à peu près sur le même tracé, d'un mouvement continu, sans s'arrêter au point de départ. Faire remarquer que le buste est bien stable, les pieds à plat sur le sol, l'avant-bras et la tranche de la main glissent sur la feuille, très détendus, de façon que le geste soit aisé.

Éviter une recherche d'application excessive qui pourrait crisper (« Ça glisse tout seul »).

Puis guider avec douceur la main d'un enfant, en lui faisant parcourir le même trajet, d'abord la main libre, puis avec le gros crayon. Il poursuit seul. Insister pour qu'il ne repasse pas exactement sur le tracé proposé : « Quand tu auras fini, cela doit faire comme une route de trois ou quatre doigts de largeur ». Autour de l'enfant qui travaille, les autres regardent, observent si les consignes sont respectées. À la fin, chacun fait ses remarques sur l'exécution du tracé, en commençant par dire ce qui a été bon puis ce qui a été oublié, les tensions qui sont apparues, etc. Les enfants qui observent ont une attitude active : ils intériorisent les gestes et les consignes, les mémorisent, et ainsi, quand vient leur tour, les exécutent avec plus de facilité.

Remarques

Les priorités sont l'amélioration du geste, qui doit devenir plus souple et plus régulier, et les positions, qui doivent être mieux adaptées. Le résultat apparaît progressivement au niveau de la forme et du trait.

– Cet exercice peut être réservé par la suite à des enfants qui sont plus tendus dans l'activité graphique (les autres seront, pendant ce temps, occupés dans une tâche individuelle).

– Pour les enfants de moins de neuf ans, le buste peut s'appuyer sur la table, sauf si le tonus axial est suffisant pour permettre la fixité du tronc.

– Attirer l'attention sur les sensations tactiles et kinesthésiques, sur le bruissement de la main en contact avec la feuille. La réceptivité sensorielle peut aider à faire tomber des tensions.
– Pour mieux faire sentir tout ce qui entre en jeu dans le mouvement et faciliter la détente, cet exercice peut être réalisé les yeux fermés.
– Il est bon de contrôler la détente au niveau des épaules et du poignet. Si nécessaire faire crisper-relâcher les épaules, secouer légèrement la main, faire le poignet « tout mou ». Certains enfants supportant mal qu'on les touche, les contrôles seront donc pratiqués avec beaucoup de douceur et de discrétion.
– En demandant de ralentir le mouvement, il est possible de mieux faire sentir le bras qui se déplace, qui se détend, qui devient lourd.
– Peu à peu l'enfant apprend à organiser son mouvement et opère le recul du coude au bas de la page. La rotation du poignet va peut-être se mettre en place, mais il ne faut pas aller trop vite. Il est nécessaire avant tout qu'il ait ressenti, pour qu'il puisse organiser son geste avec aisance et améliorer les positions segmentaires. Au lieu de donner des consignes verbales comme « fais tourner ton poignet », il est préférable que l'enseignant entraîne la main et l'avant-bras de l'enfant, qu'il repasse avec lui sur le tracé, lui faisant épouser ses propres flexions sans tensions volontaristes.
– L'enfant doit veiller à maintenir la main sur la tranche. Les tracés de couleur lui permettent de vérifier lui-même s'il tient sa main correctement et si elle reste stable dans cette position, ce qui n'est pas facile au début. Le rappel de la consigne de détente est toujours nécessaire.

Deuxième étape

Introduire une boucle dans le cercle. Comme précédemment, c'est l'épaule qui est sollicitée prioritairement, tout le bras conduisant le geste. Avec le tracé de la boucle, la flexion du pouce peut se mettre en place progressivement.

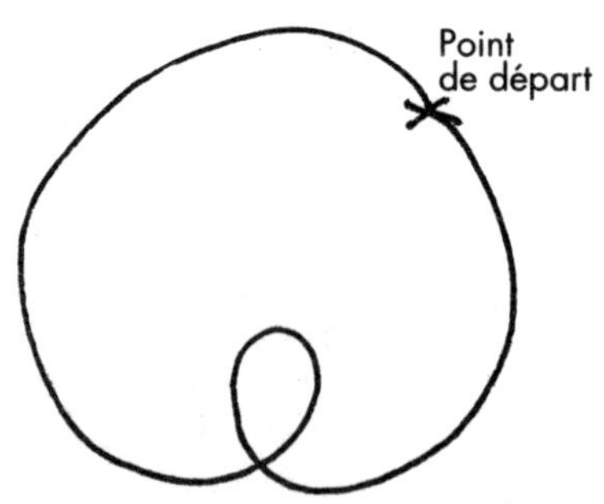

Si nécessaire, guider la main de

l'enfant. Utiliser les consignes verbales plutôt comme rappel, dans un second temps.

Troisième étape

Elle introduit aux notions de plus grand, plus petit, de proportion, de différenciation des zones.
Tracer le même cercle que précédemment, ajouter une petite boucle et une grande boucle. On peut s'arrêter à la croix, lever la main et repartir.

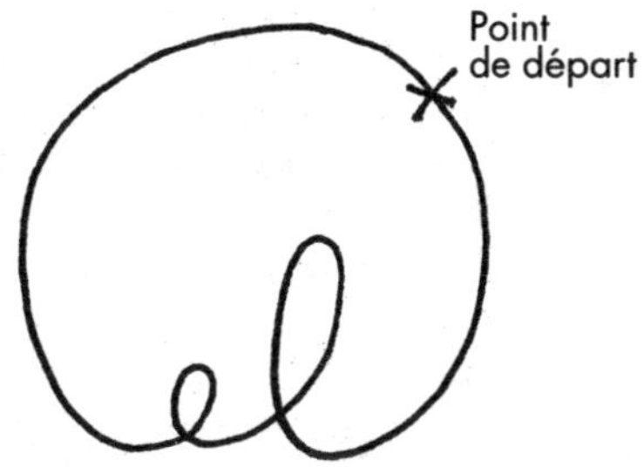

Variante

Introduire un autre rythme avec une petite boucle, deux grandes boucles, de nouveau une petite boucle.

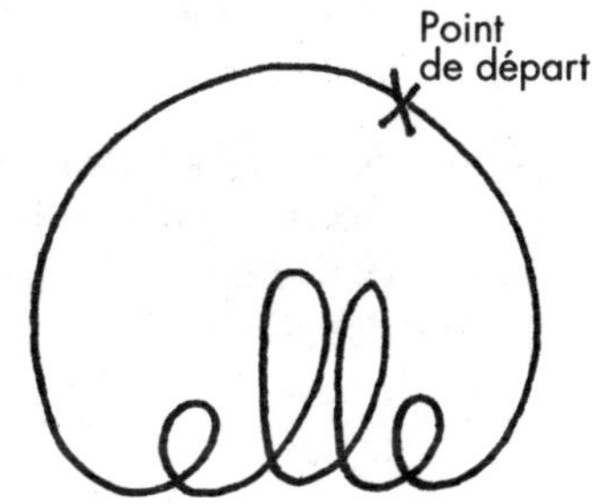

Quatrième étape

Inscrire quelques lettres dans un mouvement continu et apprendre la souplesse de la liaison entre les lettres.
Exemples :
– le « p » peut s'inscrire dans un mouvement continu ;

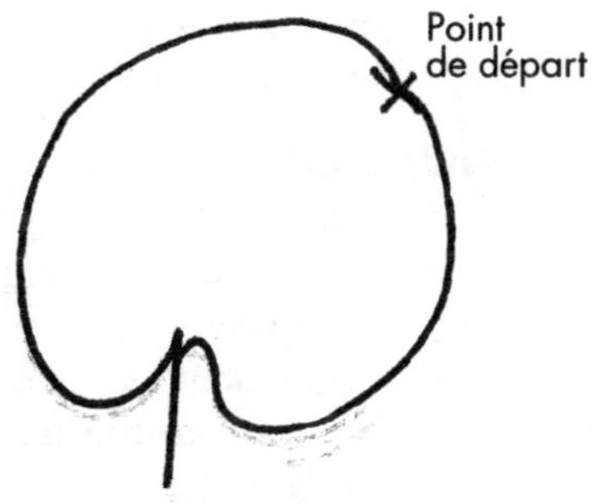

– le « a » nécessite un arrêt et une reprise du geste.

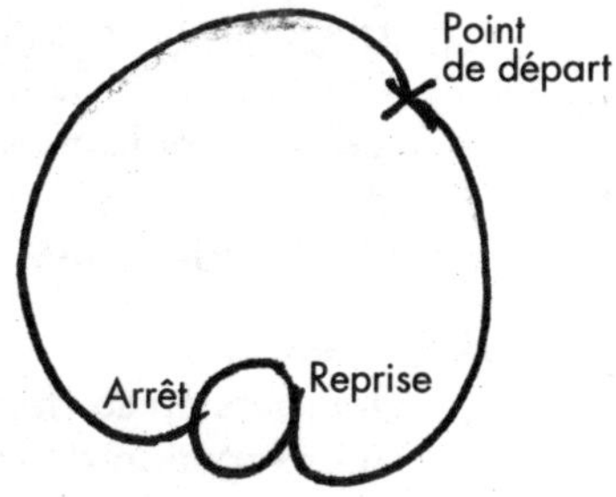

Translation gauche → droite

Objectif : Apprendre les mouvements de translation de l'écriture dans des formes pré-graphiques plus faciles que l'écriture elle-même.

Âge : 5 ans ½ - 6 ans (grande section, CP).

Conditions

Des exercices à partir de boucles permettent les mouvements de translation de la gauche vers la droite.
Le déroulement par séquences courtes, séparées par des intervalles, préfigure la sériation des mots.

Préparation à l'exercice : lever un bras

Dans l'étirement du bras qui se lève, chaque enfant prend conscience de son inspiration, puis de l'expiration pendant la descente du bras (laisser le temps aux enfants de sentir, de découvrir la concordance étirement-inspiration).
Ils peuvent alors intégrer leur respiration de façon naturelle dans l'exercice qui suit.
Ne pas oublier que le regard suit la main dans son déplacement.

Première étape

Les mouvements de translation se font d'abord dans l'espace, en marchant, de gauche à droite par des pas de côté.
L'élévation en oblique vers le haut à droite des deux bras, puis d'un bras, sera coordonnée avec l'avancée latérale des pieds. En tournant le dos aux enfants, donner le modèle qu'ils doivent exécuter en même temps. Commencer par un petit groupe de grande section ou de CP. Les autres enfants regardent. Ceux qui entrent le plus facilement dans ces coordinations peuvent entraîner un petit groupe. Chaque enfant fait ce qu'il peut (un perfectionnisme dans l'exécution pourrait bloquer).
Il faudra attendre plusieurs séances pour que ce soit intégré. Prévoir de courtes séances : cinq à dix minutes.

Deuxième étape

Toujours en se déplaçant latéralement de gauche à droite, passer à l'exécution dans l'espace de boucles de même grandeur, puis

de grandeurs différentes : une petite, une grande.
En traçant les mêmes boucles au tableau, l'enseignant avance latéralement donnant ainsi aux enfants un modèle simultanément visuel et kinesthésique.
En effet, les enfants voient le mouvement de la trace par l'avancée de l'enseignant. Ils n'ont pas seulement un modèle statique.
Chaque enfant repasse sur le tracé, en coordonnant les mouvements des pieds et de la main, en sentant le rythme.
Le même exercice peut être fait avec une éponge humide que l'on repasse sur les boucles.

Troisième étape

Avec un gros crayon de couleur, chacun à sa table, les enfants exécutent sur grande feuille des formes graphiques cursives de grande dimension.
Pour les plus grands, faire une miniaturisation du tracé pour que les mouvements des doigts s'affinent et se différencient de ceux du poignet et du bras, dans les boucles de dimension régressive par exemple :

Fiche 21

Jeux graphiques

Objectifs :
– Trouver une bonne relation avec le crayon à travers le plaisir du graphisme.
– S'entraîner par le jeu à des exercices de pré-écriture.
– Stimuler l'inventivité, la création de graphies.
– Aider à l'acceptation des règles, au respect du choix d'autrui.

Âge : 5-6 ans (fin de grande section, CP).

Matériel : Feuilles de papier épais grand format (une feuille par groupe).

Déroulement

Proposer des jeux graphiques en deux temps pour un groupe de deux ou trois enfants qui vont collaborer à une même réalisation :

– Premier temps : créer des espaces en laissant aller son crayon sur toute la surface de la feuille.
– Second temps : remplissage de ces espaces par des motifs décoratifs qui peuvent être choisis parmi des exercices de pré-écriture, ce qui n'exclut pas la recherche plastique.
Chaque enfant choisit son espace. Chacun, à son tour, propose un modèle que l'autre ou les autres enfants exécutent en même temps que lui.
Varier les couleurs à volonté.
Des modèles graphiques peuvent être proposés, mais il faut surtout inciter à créer.

Fiche 22

Coloriage de chemins graphiques

Objectifs :
– Exercice 1 : mise en place de coordinations fines avec le crayon.
– Exercice 2 : intégration de trajectoires graphiques ; apprentissage de formes géométriques qui conduisent à l'écriture.

Âges :
– Exercice 1 : à partir de 4 ou 5 ans (grande section).
– Exercice 2 : à partir de 5 ans ½ - 6 ans (CP).

Matériel : Crayons de couleurs différentes.

Conditions

Préparer des tracés de chemins d'environ 0,5 cm de largeur et de formes variées.

Déroulement

Exercice 1 : L'enfant colorie les formes en respectant le plus possible les limites.

Exercice 2 : À l'intérieur de chaque forme, il repasse avec un crayon de couleur, en suivant la trajectoire indiquée par une flèche. Le point de départ est marqué d'une croix. Il a droit à trois couleurs, pour tracer trois lignes à l'intérieur de la forme.

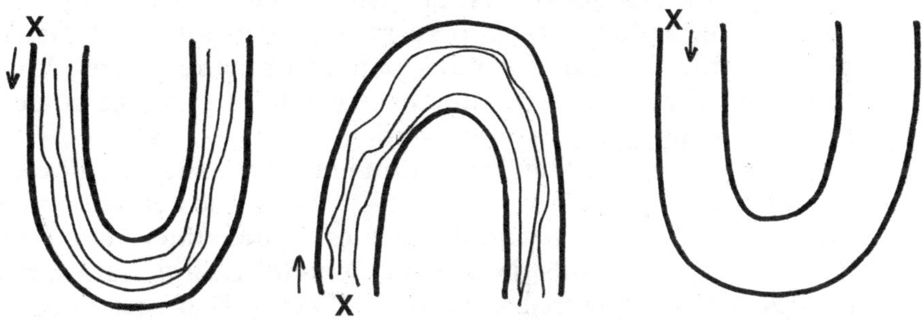

Motivation à l'écrit

La préparation de la pensée à l'écriture et celle de la main se font simultanément. Il s'agit de :
– faire aimer les mots en jouant avec ;
– faire sentir le contenu sémantique et sensoriel, vivre une sensation dans un mot : « ça pique » ou « c'est doux ! » en touchant et en mimant ;
– trouver les mots dans le « dire » de tous les jours pour traduire les événements quotidiens, pour dire sa peine, sa joie, sa peur ;
– faire écrire ces mots quand les enfants sont capables de le faire : généralement en fin de grande section et au CP. Les écrire lentement devant eux au tableau ou sur une feuille. C'est une manière de leur donner une image valorisante de l'écriture, en leur accordant un statut adulte qu'ils auront envie d'imiter. De plus, en regardant écrire, l'enfant s'imprègne, absorbe le geste, l'inscrit dans ses muscles et son cerveau. De même qu'il est indispensable d'entendre pour apprendre à parler, il est nécessaire que l'enfant voie écrire pour avoir envie d'écrire. Et l'abondance, dans certaines écoles, des polycopiés avec une écriture mécanisée, de lisibilité souvent médiocre, produit de conserve, dessert l'écriture.

L'éveil des sens et la connaissance des formes

L'écriture est constituée d'un ensemble de formes très diverses et associées, que les enfants apprennent à reconnaître puis à reproduire. Ils doivent pour cela exercer leurs perceptions, qui s'affinent par des manipulations répétées, et apprendre à distinguer les différences de formes des objets. Les déficits en motricité fine entraînent des difficultés dans la perception de ces formes. L'enfant est prêt à aborder l'écriture quand il peut reconnaître et reproduire les formes géométriques telles que le cercle, le carré, le rectangle et le triangle ; le losange arrive plus tard.
La période essentielle de l'éducation perceptive se situe *entre quatre et cinq ans*, et c'est *entre cinq et six-sept ans* que l'enfant aboutit à une synthèse des perceptions globales et analytiques antérieures : il « ne se contente plus de voir ou d'entendre ou de sentir, mais il regarde, écoute, tâte, palpe, flaire[1] ». Il est ainsi amené à découvrir le mot précis qui fixe la découverte sensorielle de façon rigoureuse et enrichit le langage.

L'exploration sensorimotrice et la répétition

Avant de traduire graphiquement les formes des objets, l'enfant doit les explorer au niveau sensorimoteur. C'est une démarche initiale indispensable : toucher le contour de la forme en même temps que le regard accompagne le mouvement de la main.

Mémorisation

Cette exploration permet à l'image kinesthésique de se fixer de façon correcte et précise, en renforçant l'image visuelle. C'est à partir de ces images intériorisées que la reproduction graphique des formes géométriques ou scripturales peut être réussie.

Reproduction

L'enfant peut tracer la forme des lettres plus aisément s'il a pu initialement les toucher en suivant avec la main le sens de la trajectoire et si ce geste a été répété, le regard l'accompagnant, puis les yeux fermés pour mieux intérioriser et mémoriser.
On rappelle que *la répétition est un jeu pour l'enfant.*

1. Jacques Dubosson, *Exercices perceptifs et sensorimoteurs*, Delachaux et Niestlé, 1972.

Importance du toucher

Le toucher développe l'attention, la concentration et enrichit toute la personnalité. « Le toucher est le sens primordial ; c'est à partir du toucher que se développent tous les autres sens… pas seulement les cinq sens, mais notre sentiment intérieur, le monde de l'affectivité.[1] »
Associées aux informations visuelles, les sensations tactilo-kinesthésiques permettent d'apprendre à différencier les formes géométriques. « La petite main qui sait toucher, palper et suivre un contour déterminé se prépare sans le savoir à l'écriture.[2] » Que d'efforts pénibles vont lui être ainsi évités au moment de l'apprentissage proprement dit !
La sollicitation de la pulpe des doigts (index surtout) éveille la sensorialité de cette partie qui joue un rôle important dans la préhension de l'instrument, et donc dans la scription. « La main humaine, faite pour la préhension et le toucher, possède jusqu'à deux cents terminaisons nerveuses par centimètre carré. Les phalanges terminales, et particulièrement la pulpe du bout des doigts, sont deux fois plus sensibles que toute autre partie du corps.[3] »

Mobiliser l'attention

Si l'intérêt de l'enfant est sollicité, et si les informations lui arrivent par des canaux sensoriels multiples, *son attention apprend à se mobiliser.* « L'éducation perceptive va être un point d'appui nécessaire pour le faire passer progressivement d'un monde magique, signe de l'imaginaire, à un monde objectif où pourra s'exercer son imagination créatrice.[4] » Ainsi, c'est toute la personnalité de l'enfant qui se transforme en même temps qu'il se prépare aux acquisitions de base (dont l'écriture fait partie).

1. B. Martino, *Le Bébé est une personne*, Paris, J'ai Lu, 1985.
2. Maria Montessori, *op. cit.*
3. G. Calmy et Serrero, *Le Toucher*, Pierre-Marcel Favre, 1983.
4. J. Le Boulch, *Le Développement psychomoteur de la naissance à six ans*, ESF, 1984.

Exercices sensorimoteurs

Objectifs :
– Ordonner un ensemble selon le haut, le bas, la gauche, la droite.
– Reconnaître des formes par le toucher.
– Sensibiliser l'extrémité des doigts.

Âge : 3-4 ans (petite section, moyenne section)

Matériel :
Par enfant : deux séries de sacs de dix centimètres de haut environ en coton fin de couleur : quatre sacs jaunes et quatre sacs verts, contenant des grains : maïs, lentilles, pois chiches, sésame...

Déroulement

Les sacs, remplis et fermés, sont posés de chaque côté d'un petit tapis : les verts d'un côté, les jaunes de l'autre.

1. L'enfant prend un sac jaune et en tâte le contenu à travers le coton.

2. Il cherche dans les verts celui qui a le même contenu.

3. Un sac dans chaque main, il compare.
Quand il pense avoir trouvé, il les dispose côte à côte, de gauche à droite, sur le haut du tapis.

4. Il prend une autre série qu'il pose sous la première, et poursuit jusqu'à ce qu'il ait réuni les huit sacs.

Variante

On peut augmenter le nombre de sacs, y mettre des cailloux, des grains de blé, des petits coquillages, etc.

Mosaïque

Objectifs :
– S'entraîner à reconnaître des formes et des couleurs.
– S'entraîner au découpage, au collage.
– Former le sens esthétique et stimuler l'imagination.

Âge : 4 ans (moyenne section).

Matériel : Papiers épais de couleur, fiches cartonnées 21 x 29,7 cm, colle, une paire de ciseaux par enfant.

Déroulement

L'enseignant trace sur les feuilles de couleur des cercles, des carrés, des rectangles, des triangles.

Les enfants découpent ces formes.

Pour les droitiers, la main gauche guide le papier : c'est elle qui le fait tourner pour le découpage du cercle, tandis que la main droite coupe.

Ils collent ensuite les formes sur une fiche cartonnée, en réalisant une composition de leur choix : maison, paysage, etc.

Plus tard, les enfants tracent eux-mêmes les formes à découper.

Formes encastrables

Objectifs :
– Différencier et mémoriser les formes géométriques.
– Éveiller la sensorialité de la pulpe des doigts.
– Affiner la précision, l'aisance et la continuité du geste.
– Préparer directement à l'organisation de l'écriture sur le cahier : apprendre à s'arrêter sur les lignes.

Âge : À partir de 4-5 ans (moyenne section, grande section, CP).

Matériel : Formes géométriques en métal s'encastrant dans les mêmes formes évidées (matériel Montessori). Il existe aussi dans le commerce des formes en bois qui s'encastrent dans un cadre ou des coussins en mousse assez dure dans laquelle sont encastrées des formes géométriques.

Déroulement

Les formes sont présentées aux enfants selon la progression suivante :
– Formes arrondies : rondes ou ovales.
– Formes angulaires : carré, rectangle, triangle.
– Formes composées : polygones divers.

Première étape (4 ans) : travail collectif ou individuel

Dans un premier temps, l'adulte sort la forme encastrable de son socle. Il la montre aux enfants et en suit les contours avec les doigts. Puis l'enfant agit à son tour de la même manière.
Il est parfois nécessaire de guider sa main pour qu'il apprenne à percevoir tous les détails, et en particulier les angles, avec la pulpe de l'index et du majeur comme il l'a vu faire par l'adulte.
La verbalisation accompagne le geste afin de relier le sensoriel et l'intellect.
Faire parler l'enfant.

Deuxième étape (5-6 ans)

Poser sur la table de l'enfant la forme encastrable et son socle (ensemble bleu et rouge), une feuille de papier, un crayon de couleur et un crayon à papier.
L'enfant pose sur sa feuille l'ensemble bleu et rouge.

Il retire la forme encastrable (bleue) qu'il pose à côté de sa feuille.
Avec le crayon de couleur, il trace le contour intérieur de la partie rouge (le socle) en partant du haut et en allant de gauche à droite.
Il retire ensuite le socle rouge : reste sur sa feuille le tracé de la forme.
Avec le crayon à papier, l'enfant va remplir cette forme : il monte et descend en allant gauche à droite, en s'approchant le plus possible des bords tout en serrant ses traits (apprentissage du contrôle et de la maîtrise du geste).
Les formes arrondies seront remplies par un graphisme « escargot ». On tracera l'escargot dans un sens puis dans l'autre, en partant du centre.

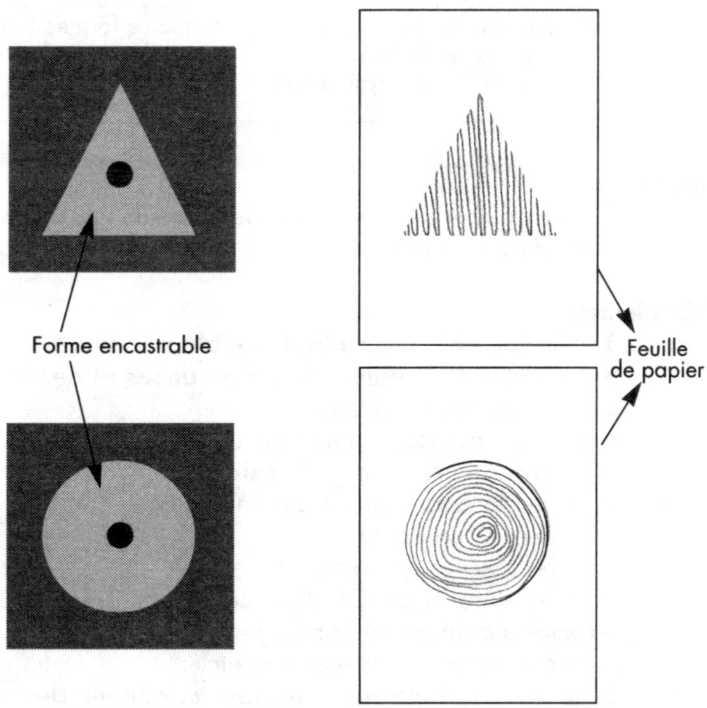

Blocs logiques et bûchettes

Objectifs :
– Éduquer l'attention et le regard en relation avec l'écriture.
– Acquérir les notions de grandeur (plus haut / plus bas, plus grand / plus petit), d'épaisseur et de proportion transposables aux lettres (par exemple : « *e* » plus petit que « *l* »).
– Développer la mémoire visuelle et kinesthésique, pour constituer un réservoir de références, mouvements et formes, qui préparent à l'écriture.
– Exercer l'organisation spatiotemporelle par des jeux d'alternances, des sériations.
– Apprendre à distinguer et comparer, donc à percevoir.
– Apprendre à regarder, à observer, à dire.

Âge : 5 ans ½ - 6 ans (grande section, CP).

Matériel : Bûchettes ou réglettes, pâte à modeler, blocs logiques (une boîte pour chacun) : figures géométriques en plastique de trois couleurs (rouge, bleu, jaune), quatre formes (carré, rectangle, triangle, rond), deux grandeurs et deux épaisseurs.

Remarque

C'est la pulpe de l'extrémité des trois doigts intervenant dans la prise du crayon qui est sollicitée dans cet exercice.

Déroulement

1. Chaque enfant a sa boîte de blocs logiques devant lui. Selon les directives, il réalise des alternances et des sériations disposées de gauche à droite :
– des cercles : deux puis trois couleurs ;
– un grand cercle, un petit cercle ;
– un cercle épais, un cercle fin ;
– un cercle, un carré ;
– un rectangle, un carré, un cercle.
Pour les enfants de CP, deux consignes peuvent être associées :
– rectangle mince *et* carré épais ;
– cercle jaune *et* carré épais, etc.
D'autres combinaisons peuvent constituer des sériations. Par exemple, sur ordre, placer de gauche à droite : un rond, un carré, un triangle... Demander quel est le premier, le troisième, celui qui est avant le carré, après le rond...
À partir du dessin de ces mêmes séries, réalisé devant les

enfants et muni d'une flèche indiquant le sens suivi, poser les mêmes questions.

2. Les enfants disposent d'une boîte de bûchettes ou de réglettes de différentes couleurs, formes et grandeurs.
Les disposer de gauche à droite, en commençant par la plus grande, jusqu'à la plus petite.
Constituer des figures géométriques en assemblant les éléments : carrés, rectangles, triangles.
Avec la pâte à modeler, fabriquer un colombin (rouleau) à partir duquel réaliser les mêmes figures géométriques. Se servir des bûchettes pour mesurer les longueurs des côtés.

3. Reproduction graphique de signes diversement orientés :

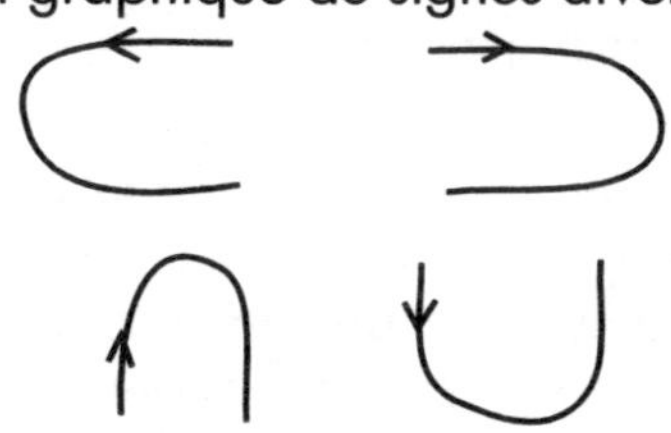

Fiche 27

Lettres à la peinture, lettres dans l'espace

Objectifs :
– Recherche de la qualité du tracé.
– S'exercer à des tracés de plus en plus précis, de plus en plus fins.

Âge : 5 ans (grande section).

Matériel : Peinture à l'eau, grandes feuilles, éponges, pinceaux.

Déroulement

1. Les doigts imprégnés de peinture, les enfants reproduisent la lettre dont ils ont suivi le tracé sur une grande feuille.
Même exercice avec une petite éponge, un pinceau.

2. Chaque enfant imite l'enseignant qui trace une lettre dans l'espace : leur regard suit le geste de la main.

Rappel

En imitant, l'enfant s'imprègne de son geste qui « rentre » en lui, s'inscrit dans ses fibres musculaires et son cerveau.

Nécessité d'une maturité intellectuelle et affective

Symboliser, c'est représenter un objet par un signe et recréer un univers où chaque objet a sa correspondance conventionnelle. Il faut aider l'enfant à aborder un deuxième temps de la fonction symbolique, celui où le signe n'a pas de rapport avec l'objet, contrairement à ce qui a été fait en mime graphique (voir l'introduction de cet ouvrage) qui cherche la représentation graphique de l'objet (par exemple : les traits verticaux pour la pluie).

Le code graphique

La frontière entre le dessin et l'écriture est encore mal définie pour l'enfant de maternelle ; de même la liaison de l'écriture avec le langage parlé est loin d'être évidente. Son monde est encore baigné d'affectif et d'imaginaire que le dessin traduit, mais il devient capable aussi d'accepter des règles dans les jeux et la vie courante. Son statut social est en train de changer, il s'ouvre à une autre forme de communication soumise à un ensemble de lois : le code calligraphique.

Après la langue maternelle, l'enfant passe à un mode de langage plus socialisé régi par des lois, des contraintes calligraphiques, émanant d'une société. Son entrée dans la feuille blanche ne va plus seulement se faire sur le mode enfantin ; il va emprunter la forme adulte des signes codés que sont les lettres, puis les mots, et le code de transmission alphabétique exige une démarche vers l'abstraction et le respect de règles.

Par le langage parlé, avec la forme sonore des mots, la notion de code a déjà pris corps dans son esprit. Il reste une nouvelle étape à franchir, décisive pour son entrée au cours préparatoire : aborder l'écriture, non pas comme un dessin où se projette son inconscient, mais comme un symbole qui est langage officiel basé sur des signes conventionnels.

Sans vouloir masquer les difficultés de ce passage, la plupart des enfants sont capables de franchir avec succès ce seuil qui représente pour eux une promotion leur donnant un statut de « grand », une capacité de nouer avec le monde un autre type de relation très gratifiante.

Il est, comme toujours, nécessaire de ménager des étapes, selon l'âge et la maturation de chacun, de ne pas bousculer celui qui

semble momentanément un peu en retard. L'anxiété est mauvaise conseillère, la confiance de l'environnement est tonique.
Les exercices proposés sous forme de jeux avec règles introduisent progressivement à la notion de code préparant ainsi à celui de la calligraphie. Les enfants peuvent être sollicités pour inventer un code à partir de graphismes qui correspondent à leurs possibilités motrices, et jouer à transmettre des messages ou à communiquer avec ces signes écrits. On peut avec eux réaliser des répertoires de signes, tracés au pinceau ou au crayon ; ou encore leur montrer des écritures d'autres cultures, par exemple l'écriture chinoise simplifiée, ou arabe, et les reproduire dans le sable ou avec la pâte à modeler[1].

Jouer avec des règles

Si l'on observe les jeux des enfants, on constate qu'ils inventent ou obéissent à des règles. La maîtrise des symboles suppose sur le plan cognitif une bonne représentation des différentes règles introduites au cours des jeux. Quand ils ont bien compris cette notion de règle, ils peuvent eux-mêmes en inventer, devenant ainsi chacun à leur tour le meneur du groupe. Cela leur permet d'envisager la règle sur un autre plan, non plus en dépendance des adultes, mais d'égal à égal avec les autres, par une adhésion volontaire, vivant ainsi les exigences du contrôle comme utiles et nécessaires pour l'intérêt du jeu, et pas seulement comme une loi contraignante en soi.
L'acceptation progressive des règles s'accomplit au bénéfice de l'évolution affective des enfants : ils apprennent à se décentrer pour adopter le point de vue de l'autre. Et c'est bien d'un décentrage dont ils vont avoir besoin pour suivre la démarche du code calligraphique. Si le dessin garde le privilège de recevoir toute la richesse de son monde intime, « la lettre vient d'ailleurs, dit A. du Pasquier, elle répond à une règle, à un code, elle introduit l'ordre de la loi… elle a un sens au-delà de sa forme[2] ».

Devenir grand

L'adhésion à ce code exige un renoncement, un choix permettant d'accéder véritablement à l'écriture, qui est bien au-delà d'un simple jeu de formes graphiques. Le statut social qu'elle promet

1. Voir A. Weinich, Ch. Lamblin, *Jouer à écrire en chinois*, Retz, 1994.
2. M.-A. du Pasquier-Graal, « Les enfants gauchers », Colloque de Grenoble, « L'écriture de l'enfant », septembre 1994.

suppose que l'enfant ait envie de devenir grand. Or certains, pour des raisons très diverses, veulent rester petits. Ils ont bien du mal alors à accéder à cette capacité de symbolisation indispensable pour écrire. Si on les bouscule, ils risquent les achoppements et peut-être est-il nécessaire que le passage se fasse plus progressivement. Ils ont parfois besoin d'être sécurisés pour oser quitter leur monde intérieur et s'aventurer vers l'inconnu, notamment celui de ces graphismes conventionnels.
Pour favoriser la maturité affective, il est bon que l'enfant ne soit ni surprotégé, ni livré à lui-même dans un « laisser tout faire » qui peut être vécu comme un abandon.

La trajectoire

Le geste de l'écriture suit un trajet précis, avec des sens uniques et des sens de rotation. Si les règles les concernant ne sont pas respectées, le geste n'est pas fonctionnel et manque d'efficacité : la lettre est perturbée par des disjonctions, des malformations, certaines lettres sont à l'envers (exemples du « l » et du « b »). Les enfants vont apprendre à diriger leur geste dans un sens qui ne leur est pas forcément naturel.
Chaque lettre comprend l'initiale (départ), le corps et la finale. La main part de l'initiale, parcourt le corps et se dirige vers le point d'arrivée, la finale. Elle suit un trajet précis pour le tracé de la lettre, mais également par rapport à la ligne, dans le mouvement de translation de gauche à droite. Le regard dirige la trajectoire. Il ne suffit pas que l'enfant ait mémorisé la forme, il faut qu'il connaisse l'itinéraire à suivre pour la réaliser. Pour cela interviennent les repères corporels, l'orientation dans l'espace et la latéralisation. Une fois bien intégrées, ces notions de base vont faciliter l'acquisition de la trajectoire.

Fiche 28

Suivre des trajectoires

Objectif : Vivre la trajectoire dans l'espace avant de l'inscrire sur le papier.

Âge : 5 ans (grande section).

Matériel : Petites voitures ou camions, grandes feuilles de papier, craies.

La notion de trajectoire avec la contrainte qu'elle comporte ne peut être introduite qu'en grande section, en étant préparée par des jeux où les mouvements seront orientés de gauche à droite, de haut en bas et de bas en haut. Il faut « d'abord vivre les mouvements dans l'espace avant de vivre les trajectoires sur le papier[1] ».

Pour pouvoir faire ces exercices, la notion de haut / bas sur plan horizontal doit être bien intégrée (voir fiche 23).

Première étape : se familiariser avec les directions

L'enseignant a tracé sur le sol (ou sur de grandes feuilles de carton) des lignes orientées dans les différentes directions : les trajets, numérotés de 1 à 8 :

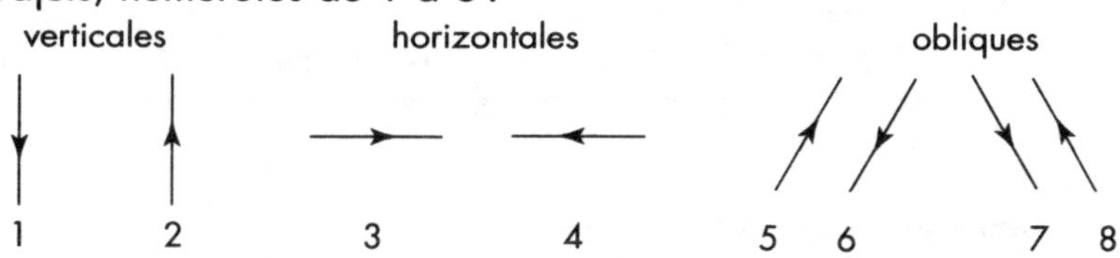

Des flèches indiquent le sens du parcours.

1. Un enfant est désigné pour conduire un véhicule sur un trajet. Chaque trajet est verbalisé par l'adulte et le groupe : « En 2, la voiture monte. En 5, elle part de la gauche pour monter vers la droite en parcourant une ligne oblique... », etc.

2. Reprendre le même exercice sur des feuilles de format scolaire, mais cette fois les enfants tracent la trajectoire suivie en même temps qu'ils verbalisent.

3. Les enfants tracent le parcours de la voiture sans le support de la verbalisation.

1. G. Calmy-Guyot, *Éducation du geste graphique*, Nathan.

4. La trajectoire n'est plus dessinée sur le sol, l'enfant conducteur de la voiture décide quel trajet il va lui faire suivre, les autres dessinent la trajectoire, indiquent la direction par une flèche et les repères spatiaux (haut / bas, gauche / droite).

Deuxième étape : trajectoire d'une lettre avec hampe

Les enfants à ses côtés, l'enseignant a tracé une lettre en très grand sur le sol, le « *l* » par exemple. Un point indique le départ.

1. Chacun à son tour marche sur la lettre.

2. Face à la lettre les enfants la tracent dans l'espace, tout en verbalisant le geste : « Je monte, je tourne à gauche, je descends et je tourne à droite ». Au début, ils verbalisent en même temps que l'adulte.

3. Devant les enfants, qui suivent le geste de l'adulte, un « *l* » est tracé au tableau, ou plusieurs à la suite, séparés par un espace. Les enfants repassent dessus avec la craie ou une éponge mouillée.

4. Ils vont la tracer sur le sable.

5. Quand la trajectoire est mémorisée, ils la tracent sans modèle au tableau, puis sur une grande feuille, et enfin sur une feuille de petit format.

Toutes les trajectoires des lettres avec hampe peuvent être étudiées de cette manière. Même principe pour celles avec jambage.

Troisième étape : trajectoire des lettres rondes

Les enfants n'ont pas tous le même sens dominant de rotation. Ceux qui ont naturellement celui des aiguilles d'une montre ont plus de difficultés à adopter le sens de la lettre ronde comme le « σ ». Issu de la méthode de J. Jeannot[1], l'exercice suivant a été utilisé avec succès pour les aider.

Sur le sol ou sur une grande feuille, l'enseignant a dessiné un cercle d'environ 40 cm de diamètre sur lequel un point de départ est marqué d'une croix rouge en haut à droite ainsi que le sens de la rotation droite → gauche. L'enfant se place à plat ventre, face au cercle.

1. J. Jeannot, *Face à l'écriture, méthode Jeannot*, ESF, 1973.

1. Il pose les deux mains, paume contre paume, doigts entrecroisés et repliés, pouces croisés, sur le point de départ.

2. Il les fait glisser sur le cercle dans la direction de la flèche, calmement, jusqu'à ce qu'il revienne au point de départ. L'enfant aime généralement émettre un son pour accompagner le geste : « Pan ! » en posant le poing, « Oooooo » en tournant, « Stop ! » en arrivant.

3. Répéter l'exercice avec le poing gauche seul, puis avec le poing droit, un chiffon humide, la craie.

4. Sur le sol, à la craie, l'enfant essaie ensuite de tracer un rond à partir d'un point de départ indiqué par une croix. S'il réussit, il essaie sur une feuille en se servant de sa main dominante. S'il a des difficultés, augmenter la grosseur du crayon et le format de la feuille.

Fiche 29

Trajectoire gauche-droite

Objectifs :
– Acquisition de la trajectoire orientée dans le sens de l'écriture.
– Éducation du regard qui devance l'action, comme cela sera nécessaire en lecture et dans l'organisation de la ligne et de la page d'écriture.
– Favoriser la détermination, la sécurisation.

Âge : 5 ans (grande section).

Matériel : Feuilles de différents formats, crayons de couleur ou crayons à papier.

Selon A. Muel[1], « Une droite tirée entre deux points indiqués à l'avance engendre une détermination » ; c'est une opération précise, sécurisante.

Préalable

L'exercice peut être précédé d'un jeu corporel pour vivre l'action avant de la transcrire sur un plan.

1. A. Muel, *L'Éveil de l'esprit*, Aubier, 1977.

Première étape

Sur le tableau, deux croix : à gauche le point de départ, à droite le point d'arrivée : chaque enfant doit tracer une ligne pour rejoindre ces deux points (horizontale, verticale ou oblique).

Avant de la tracer, prévoir le parcours du regard : la main est posée sur le point de départ, le regard suit la trajectoire qu'elle va tracer et reste fixé sur le point d'arrivée tandis que la main exécute la ligne.

Deuxième étape

Même exercice sur une feuille de grand format, puis de petit format, non lignée d'abord, puis lignée.

Remarque

Vérifier que le bras scripteur soit libre, ce qui nécessite un bon équilibre du corps.

3

Le degré de liaison des lettres

L'écriture cursive simple

Elle est appelée aussi « écriture courante ». Les lettres y sont normalement reliées les unes aux autres. Elle comporte des levers de main avant le tracé des lettres rondes. Les arrêts momentanés de la trace donnent une respiration au geste, un rythme au mouvement, ils évitent la fatigue. C'est une écriture fonctionnelle parce qu'elle est organisée dans ses espacements, par conséquent lisible, rapide dans son exécution et son déchiffrage. C'est l'écriture la plus communément employée dans les écoles. Elle propose un modèle simple et sobre, qui laisse pour plus tard, le plus de liberté à la personnalisation de l'écriture.

L'écriture script

Selon Prue Wallis Myers[1], l'écriture script remonterait à la fin du siècle dernier, les enseignants s'étant « mis dans la tête que la première écriture, celle qui s'apprend au crayon sur ardoise, devait tendre à se rapprocher autant que possible du modèle imprimé qui servait aux enfants pour l'apprentissage de la lecture ».
En 1913, deux écoles londoniennes font l'expérience de l'écriture

1. Prue Wallis Myers, *L'Enseignement de l'écriture en Angleterre*, trad. Fernand Baudin, « Communication et Langages », pp. 23 à 43, n° 61, Retz, 3e trim. 1984.

« bâton » ou script, appelée « alphabet squelette » d'écriture par Edward Johnston et d'autres pédagogues anglais. Le manuel du Ministery of Education dénonce en 1959 l'écriture script ; il insiste sur le fait que « les craintes de certains enseignants sont sans fondements qui s'imaginent que les enfants sont mal préparés à la lecture lorsqu'ils ont appris l'écriture cursive au lieu d'apprendre l'imprimée. Il semble au contraire que les capacités des enfants à lire à vue les variantes les plus répandues de l'alphabet latin soit bien plus grandes qu'on ne l'imaginait ». Prue Wallis Myers ajoute que « bon nombre de recommandations contenues dans ce *handbook* sont encore parfaitement valables aujourd'hui : il faut une écriture courante capable de suivre le mouvement des idées ».

La vitesse de l'écriture

La script, plus statique, est plus lente

Vinh Bang démontre que la script réduit la vitesse d'un an environ, au cours de la scolarité[1]. Comment, en effet, animer cette succession de « squelettes » ? L'élan du mouvement est coupé après chaque lettre, le rythme est cassé par des levers de main trop fréquents. Car c'est la liaison entre les éléments scripturaux, comme dans la cursive, qui permet le « rebondissement » sur la ligne, qui permet que le tracé s'engage dans des alternances de temps forts et de temps faibles donnant au mouvement de la main une respiration et un rythme, lequel favorise la rapidité, tout en diminuant la fatigue. On pourrait dire que la cursive est plus biologique, qu'elle favorise le dynamisme, tandis que l'écriture scripte serait plus statique.

À l'encontre des mouvements naturels de l'enfant

Il arrive parfois que l'apprentissage commence en script pour passer ensuite à l'écriture liée. C'est un non-sens selon Marion Richardson, pionnière de l'enseignement de l'écriture en Angleterre dans les années 30. Elle partit, pour son alphabet cursif, des mouvements naturels de l'enfant, c'est-à-dire le zigzag, la boucle, la double boucle du « 8 », les arcades, etc. En effet, le mouvement naturel est d'abord continu, dans les gribouillis, les spirales… Puis

1. Vinh Bang, *Évolution de l'écriture de l'enfant à l'adulte – Étude expérimentale*, Delachaux et Niestlé, 1979.

des arrêts s'introduisent selon un certain rythme qui devient de plus en plus personnel quand l'enfant maîtrise l'apprentissage de l'écriture.
« Bâtonner » c'est donc aller contre les mouvements naturels de l'enfant. Mais, lui demander, alors qu'il a acquis des habitudes de levers de main avec un rythme haché, d'apprendre l'écriture liée avec la souplesse qu'elle induit, n'est-ce pas le faire reculer alors qu'une étape est franchie, qu'une période « sensible » est dépassée ? Dans le désir de lui faciliter la tâche par une écriture apparemment plus facile, est-ce qu'on ne lui complique pas la vie ? Il apprend une écriture qu'il va désapprendre ensuite, pour apprendre la « vraie ».
N'est-ce pas une illusion de croire que la script est mieux adaptée pour le début de l'apprentissage ? C'est sans doute mal apprécier les possibilités des enfants à décrypter des codes visuels différents alors que l'expérience a prouvé qu'ils sont tout à fait capables de s'y adapter. Toutes les recherches faites, il y a une vingtaine d'années dans la plupart des pays d'Europe, ont apporté des conclusions en défaveur de la script.

Les implications psychologiques : supériorité de la cursive

Quand on sait tout ce qui est impliqué dans le geste de l'écriture, sur le plan psycho-affectif entre autres, il est difficile de ne pas en tenir compte avant de prôner telle ou telle méthode.
L'écriture liée favorise l'élan du mouvement, la continuité souple et rythmée du geste, l'unité du mot, la cohérence d'un texte bien structuré, avec des répartitions équilibrées des masses graphiques et des intervalles, elle privilégie l'efficacité du geste et la lisibilité, donne de l'aisance.
Elle laisse davantage de liberté à l'évolution future de l'écriture et à son expression personnelle. Elle sera ainsi plus gratifiante pour l'adolescent(e) qui se reconnaîtra à travers elle.

Script et expression de la pensée

Freinet parlait de l'écriture script comme d'une écriture qui morcelle la pensée, « coupe son élan, tend à rendre tatillon » ; il ajoute : « l'habitude de pratiquer des arrêts de plume dans la juxtaposition des lettres, comme l'exige la script, morcelle la pensée... tend à négliger l'ensemble pour sacrifier à la forme[1] ».

1. C. Freinet, *La méthode naturelle*, Paris, Delachaux et Niestlé, 1971.

Alors que dans l'écriture « courante », les mots s'écrivent souvent d'un seul jet et le mouvement coulé donne à la pensée continuité et décision, « la coulée de l'écriture est adaptée à la coulée de la pensée ».
Si G. Sand parle de « laisser courir sa plume la bride sur le cou », c'est bien que sa pensée trouve le moyen de se couler dans son geste graphique.

La cursive est-elle plus difficile que la script ?

« L'écriture qui court » est-elle plus difficile que celle qui avance en s'arrêtant à chaque lettre ? Sans doute exige-t-elle de bonnes coordinations et dissociations de mouvements pour le geste délié qui est le sien. C'est d'une préparation adaptée du corps dont elle a besoin, avec un affinement des diverses fonctions. L'enfant en est tout à fait capable si on lui offre les moyens d'y parvenir. Il en tire les bienfaits de l'élan qu'elle implique, de la clarté de la mise en page qu'elle permet et qui influence son esprit de façon positive. C'est toute sa personnalité qui, dans une cursive organisée, aisée, trouve des avantages. Cela suppose que l'on n'ait pas lésiné sur les moyens offerts à l'apprenti scripteur, et que la cursive n'ait pas été trahie en ne donnant pas la priorité au mouvement dynamique qui la sous-tend.

Les excès de liaison

L'écriture « cursive » ne doit pas être confondue avec une écriture « hyper liée » excluant toute coupure à l'intérieur des mots, toute respiration normale, et qui serait l'excès inverse de la script. Des enseignants consciencieux croient bien faire en introduisant celle-ci dans l'apprentissage. Or, ce mode d'écriture interdit tout lever de main à l'intérieur d'un mot, ce qui oblige à des recouvrements de lettres inutiles, qui entraînent perte de temps, fatigabilité du poignet et déformations quand l'enfant veut accélérer.

C'est ainsi que le mot « maman » sera écrit :

Liaison réussie

Pour réussir ces liaisons l'enfant doit faire un gros effort d'application qui n'est pas récompensé par l'aisance et la vitesse. Il est mis dans une situation de régularité excessive qui ne respecte pas son rythme propre. C'est comme si on lui demandait de ne pas lâcher la rampe pour ne pas tomber.

Là encore, l'adulte qui préconise cette méthode semble douter de ses capacités. L'enfant lève la main pour tracer le « a » pour ensuite l'accrocher à la liaison précédente :

Échec de la liaison

Il suffit de l'initier à bien ajuster son geste. Cela vient progressivement par des exercices appropriés et répétés qui, en même temps, éduquent l'œil au calcul de l'intervalle nécessaire. Exemple :

Départ en 1. Pas de lever de main avant le point O.

C'est une chorégraphie un peu difficile qui doit être bien décomposée, avec des entraînements suffisants pour que la qualité de la réalisation et l'expressivité soient respectées sans oublier le plaisir.

L'écriture mode d'être dans un geste libre

L'écriture est plus qu'un outil de communication, elle est un mode d'être : chacun est dans son écriture, comme il est dans son corps. Et le corps est plus qu'un outil en relation avec le monde extérieur : il est l'habitacle d'un être humain infiniment riche.

Apprendre à écrire à un enfant, c'est le conduire sur un chemin où sa main sera amenée à traduire son mode d'être en même temps que le message. Il a droit à cette liberté essentielle, et pour cela aucun carcan ne doit l'en empêcher. Or, un excès de liaison impose une rigidité.

Les inconvénients de l'excès de liaison

Il est certain que le perfectionnisme qui préside à l'adoption de cette écriture « hyper liée » tient au fait que le résultat a plus d'importance que le processus qui y conduit. Le souci accordé à une forme bien reproduite a supplanté celui de la manière de l'exécuter : l'aisance générale, la détente, les mouvements scripteurs et leurs coordinations.

Cependant, même si l'apparence de l'écriture peut être séduisante, et de ce fait gratifier l'enseignant, il est nécessaire de prendre en considération plusieurs facteurs importants :

– Ce mode d'écriture ralentit la vitesse ;

– Il n'avantage pas l'enfant qui a des difficultés au départ de l'apprentissage : il rate la liaison et déforme les lettres ;

– Il oblige à « un repasser exactement » sur le tracé précédent, à un recouvrement de trait difficile, avec un retour en arrière qui ralen-

tit. Comme toute recherche de perfection, il peut entraîner des tensions, surtout chez « les penseurs rapides », impatients de traduire leurs idées à travers le fil graphique, et chez qui le déroulement va alors être entravé par ces retours en arrière à ne pas rater (et qui vont souvent l'être) ;
– Les retours en arrière qu'il exige ne sont pas des démarches positives sur le plan psychologique. Car le retour en arrière annule un geste et engendre des hésitations ;
– Le risque de rigidité n'est pas à exclure, surtout pour ceux qui sont déjà perfectionnistes par nature. Plus tard, la personnalisation de l'écriture risque d'être plus difficile ;
– « Tout mouvement redoublé crée dans la profondeur même du graphisme une tendance d'hésitation qui, dans son accumulation, amène des bégaiements graphiques[1] » ;
– Les sauts de mains sont nécessaires : ils permettent un repos de la main, une respiration gestuelle et un rythme indispensables à l'harmonie.

4. R. Trillat, *Expérience de graphothérapie en psychopédagogie*, Paris, Vigot Frères, 1957.

4

L'apprentissage de l'écriture

Des préapprentissages selon le rythme de chacun

L'enfant pourra écrire lorsque les bases indispensables présentées dans les chapitres précédents auront été mises en place. Pour entrer dans l'apprentissage proprement dit, il faut qu'il ait bénéficié des préapprentissages, des pré-requis, sinon il prendrait de mauvaises habitudes et des conditionnements mal adaptés seraient créés.
S'il n'avait pas une initiation suffisante que lui donne l'école maternelle, l'enfant risquerait de fournir un effort excessif pour écrire, adoptant des positions erronées très difficiles à changer par la suite, en même temps que des crispations s'établiraient.
Lorsque l'on sait que l'être humain met sept fois plus de temps à perdre une mauvaise habitude qu'à acquérir un nouvel automatisme, on comprend la nécessité de procéder de façon progressive et judicieuse à des préapprentissages qui correspondent non seulement à l'âge de l'enfant mais à son développement personnel. En ce qui concerne les fiches proposées dans ce livre, les âges indiqués doivent être entendus de façon souple, ils sont simplement des repères donnés et non des tests. On ne répétera jamais assez que les enfants, à l'âge préscolaire surtout, ont des rythmes très différents. De nombreux pédagogues et chercheurs ont constaté le danger des apprentissages trop précoces qui, dans certains cas, loin d'aider l'enfant risquent de le mettre en situation d'échec.

Il est également essentiel de tenir compte de la différence d'âge entre des enfants nés en janvier et ceux nés en décembre de la même année : ils se trouvent dans la même section, mais sont à un stade de développement qui peut être très différent. Il faut donc éviter toutes comparaisons entre eux.

Les instruments et les supports

Le choix de l'instrument

– Le crayon à mine ni trop dure ni trop tendre, soigneusement taillé.
– Le gros crayon rouge et bleu.
– Le stylo-encre : certains ont un espace rayé au-dessus de la plume qui permet aux petites mains encore contractées de ne pas glisser trop près de la plume.
– Le stylo-bille, à condition qu'il soit de très bonne qualité.

Au CP, l'enfant ne peut guère choisir son instrument : c'est généralement l'enseignant qui décide. Pour ma part, je pense que le crayon convient bien au départ, parce que c'est un instrument souple qui autorise les variations de pression du trait que l'enfant a besoin de sentir pour rythmer la scription. C'est plus facile, plus satisfaisant comme résultat, et encourageant pour le débutant.
Quand l'enfant a acquis la dextérité et la souplesse, le stylo-encre, qui exige une bonne tenue, pourra être essayé et valorisé parce qu'il le fait grandir et se rapprocher du statut d'adulte.

Le rapport avec l'instrument

Il témoigne de la relation établie avec l'écriture, avec les premières expériences vécues à l'école, et le rejet du crayon est dû, dans certains cas, à une approche de l'écriture trop précoce. Le stylo, le crayon sont chargés de symboles, d'images, d'éléments pulsionnels. L'enfant doit en faire son compagnon d'aventure graphique. Il est souhaitable qu'il établisse avec lui la meilleure entente et il a souvent besoin d'être aidé pour y arriver. « Entre la main et l'outil commence une amitié qui n'aura pas de fin[1]. » Cette amitié peut passer par le rapport tactile avec la matière de l'instrument scripteur. A. Muel[2] propose que l'enfant fasse de la prise du crayon un

1. Focillon, *L'éloge de la main dans la vie des formes*, PUF, 1964.
2. A. Muel, F. Dolto, *L'Éveil de l'esprit*, Aubier, 1977.

acte volontaire senti : « Je prends ce crayon sur la table, je le sens avec ses qualités propres de rigidité de forme, ma main est consciente de ce qu'elle tient et je le repose sur la table sans cesser un instant d'être conscient de ce que je fais, d'un bout à l'autre de l'exécution de ce geste. » En fermant les yeux, la sensation tactile sera mieux perçue.

L'éveil des cinq sens, un des objectifs de l'éducation des jeunes enfants, permet une approche analytique de l'objet, qui est perçu ainsi avec toutes ses composantes bien différenciées. Cette approche sensorielle de l'instrument graphique ramène l'enfant de l'imaginaire à la réalité en le libérant des fantasmes éventuels. « Votre main sait bien faire les choses : donnez-lui un crayon, vite elle lui souffle une idée ; aussitôt voilà le crayon qui se dresse sur son petit pied et qui court, et qui danse sur le papier en y laissant la trace de sa course. Ce sont deux amis. Ils aiment beaucoup jouer ensemble. Seulement, pour qu'ils restent toujours de bonne humeur, il faut que la main prenne soin du crayon. Qu'elle ne le serre pas trop fort ! Qu'elle ne le traîne pas brutalement sur le papier ! Mais si tous les deux jouent bien ensemble, vous allez voir de quoi ils sont capables. Fermez les yeux et laissez-les aller ! Ils peuvent jouer à l'aveuglette, comme vous dans une partie de colin-maillard. Mais bien sûr, ils courront encore bien mieux si vos yeux les guident, les surveillent, les corrigent, éclairent leur chemin[1]. »

La tenue de l'instrument

L'instrument se tient entre le pouce et l'index, le majeur servant de support, le bout de l'index à deux centimètres environ de la pointe de l'outil. Il faut veiller à ce qu'il ne soit pas trop serré, pour éviter des tensions, en vérifiant si le crayon peut glisser ou s'il est bloqué dans la main. Il faut donc éviter les instruments trop fins qui peuvent être à l'origine de crispations. La détente de la main est toujours prioritaire.

Il est parfois nécessaire de guider la main sur le chemin de l'écriture pour faire prendre conscience de la sensation du mouvement et du « parcours » de la lettre. Il est bon cependant de tenir compte de la grande sensibilité de certains enfants au contact physique avec autrui, et d'apporter suffisamment de délicatesse pour qu'ils ne se sentent pas agressés par cette approche et pour que leur main soit mise en confiance. Il est parfois préférable de ne pas guider la main de l'enfant.

1. Ladislav Havranek, *op. cit.*

Les instruments dits fonctionnels

On trouve dans le commerce des instruments qui prévoient l'emplacement de chaque doigt, ou encore des petits moules en plastique à placer sur le crayon, et dans lesquels les extrémités des doigts peuvent se mettre dans la bonne position. Ces dispositifs ont pour but de faciliter la prise du crayon.

En réalité, cette béquille donnée à la main se révèle, en général, inefficace. Dès que l'enfant retrouve son crayon habituel, il reprend la position erronée.

Avec des exercices bien adaptés, avant et au début de l'apprentissage, la main peut acquérir l'habileté nécessaire et la tenue du crayon sera fonctionnelle, sans qu'aucune béquille ne soit utile.

La réglure

Il est bon que l'enfant puisse profiter de la liberté qu'offre le papier libre avant d'être strictement cadré dans un certain type d'interlignage, souvent trop petit d'ailleurs. Celui-ci provoque une crispation de la main de l'enfant qui n'est pas prête à cette miniaturisation exigeant un geste trop précis pour son âge. « La réglure est un collier de force pour l'écriture[1] ».

Il est préférable de proposer un papier non ligné à l'enfant qui débute. Le laisser tâtonner dans l'organisation de son espace l'oblige à un effort interne très positif. Freinet a basé sa pédagogie sur ce tâtonnement préliminaire. « On croit hâter l'apprentissage en lui imposant, de l'extérieur, un outil étranger à ses tâtonnements et dont il n'a nul besoin. »

Toutefois, il peut être nécessaire aussi d'aider un enfant pour qui c'est trop difficile, en traçant une ligne de base sur laquelle reposeront les lettres d'un petit texte qu'il aura plaisir à bien présenter. Cette ligne représentera un repère.

L'horizontalité de la ligne (relative au début) peut être facilitée par les exercices oculomoteurs de tracés de lignes puis de tracés de guirlandes sous la ligne, à une distance de cinq ou six centimètres. Il est utile d'inciter les enfants à tracer eux-mêmes leur ligne en leur demandant de placer un point à gauche et un autre à droite et de tracer la ligne en regardant le point de droite (voir fiche 29). L'enfant parvient ainsi plus facilement à se plier à la discipline de l'interlignage et à s'adapter aux dimensions imposées par l'école.

1. Dottrens, *L'Enseignement individualisé* cité dans *La méthode naturelle*, C. Freinet, Paris, Delachaux et Niestlé, 1971.

Les échecs, dans ce domaine comme ailleurs, ne sont qu'une phase transitoire, à condition qu'ils ne soient pas dramatisés.

Le tableau

« Il faut de grands tableaux à hauteur de l'enfant, des "murs à écrire" au-dedans et au-dehors pour que l'enfant puisse marcher en dessinant[1]. »

L'écriture au tableau développe la sûreté du geste pour plusieurs raisons :

– Les enfants aiment ce face-à-face : c'est un plaisir pour eux, une détente qui libère les tensions, les peurs. C'est plus facile et les résultats sont plus satisfaisants.

– Au tableau, c'est l'épaule surtout qui est sollicitée. Or, les muscles de l'épaule ont une fonction importante dans l'écriture : ils doivent fixer et soutenir le bras. La grande dimension, surtout en plan vertical, permet de cultiver l'ampleur du geste et privilégie ce travail de l'épaule. C'est l'application pédagogique d'une loi naturelle de développement neuromoteur (loi proximodistale).

– Le déroulement gauche-droite de la guirlande nécessite une bonne coordination bras-jambes. L'enfant apprend ainsi plus facilement un schéma de mouvements qui s'inscrivent en lui et l'entraînent dans cet élan vers la droite.

– L'écriture au tableau développe aussi le sens de l'orientation, la structuration spatiale et le sens de l'organisation.

– La main tient la craie entre les trois doigts scripteurs, mais ni les doigts, ni la main, ni le bras ne doivent prendre appui sur le tableau (choisir une craie courte pour ceux qui ont des difficultés).

– La craie offre, d'autre part, une certaine résistance qui oblige à appuyer sur le tableau, développe la pureté du geste et la tonicité des doigts.

La feuille grand format

Le grand format (40 x 50 cm) est préconisé pour les exercices de grande progression, qui mettent en jeu prioritairement les mouvements de l'épaule avant d'introduire la flexion-extension du poignet puis la flexion du pouce, respectant ainsi la loi du développement neuromoteur.

Le grand format offre à l'enfant la possibilité d'écrire « grand » (parfois la hauteur des lettres peut atteindre dix centimètres), sa

1. G. Calmy, *L'Éducation du geste graphique*, Nathan.

motricité ne lui permettant pas encore d'écrire petit. La forme et la trajectoire étant ainsi plus facilement intégrées, il peut ensuite s'adapter à l'écriture plus petite exigée par l'école.

La posture

Le maintien de la statique

Il s'agit d'amener à la prise de conscience de l'axe vertébral, par le toucher et les étirements, et de faire sentir les pieds bien à plat sur le sol pour donner une meilleure assise.
Il faut montrer, par des exercices graphiques simples de translation gauche-droite, que la fixité du tronc donne plus d'assurance dans le tracé parce que le bras et la main, rendus indépendants par rapport au tronc, sont plus libres, et que l'avant-bras glisse mieux. Si le buste est entraîné vers la droite, la main manquant de maîtrise va donner un tracé vacillant. Le buste peut être appuyé ou non à la table, selon les possibilités de l'enfant. La hauteur du siège et sa distance de la table doivent être correctes.
Lui apprendre à tenir sa colonne vertébrale droite sans rigidité, c'est l'amener à trouver plus de confort, plus d'aisance pour écrire, en même temps que sa respiration y trouve du bénéfice ainsi que l'ensemble de sa personnalité. Mais cela ne s'obtient pas d'emblée, il faut du temps.

L'équilibration du corps

L'équilibration du corps participe à cette posture.
C'est la main qui n'écrit pas qui joue ce rôle au cours de la scription. C'est elle qui maintient la feuille, qui soutient en partie le poids du corps, pour alléger la main scriptrice et lui permettre de glisser sur la feuille.
Il est nécessaire de faire sentir ce qui se passe : le rôle d'appui de la main complémentaire, le soutien des pieds sur le sol, du bassin sur la chaise, qui se transmet à l'axe vertébral et à l'épaule du côté dominant. Il en résulte un allègement du bras et de la main scriptrice que l'enfant peut percevoir.
Vérifier l'horizontalité des épaules.

Les positions du poignet, de la main et des doigts

Les positions segmentaires sont recherchées dans la détente, au cours des tracés glissés présentés plus haut.

La main est placée sous la ligne d'écriture, c'est la position la plus fonctionnelle. Elle doit être « sur le côté » en position de demi-supination ou position intermédiaire[1] selon ce qui semble le mieux convenir à l'enfant.
Il faut veiller à ce que cette position choisie reste stable et que la main ne cahote pas. Celle-ci est de préférence dans le prolongement de l'avant-bras et non pas en extension :

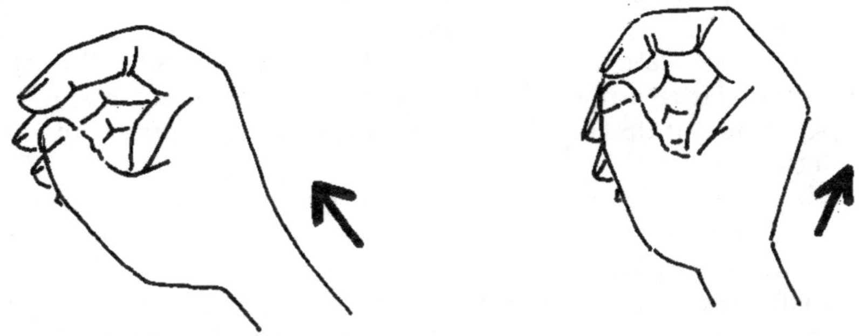

Pour faire sentir les mouvements du poignet et le degré de flexion / extension, on peut faire l'exercice du poisson qui nage : la tranche de la main glisse sur une grande feuille en mouvements alternés et enchaînés de flexion et d'extension, comme la queue du poisson. L'enfant peut fermer les yeux pour mieux sentir.

La position du cahier

Le cahier est très légèrement incliné vers la gauche pour les droitiers et à droite pour les gauchers. Si c'est la position la plus orthodoxe, il faut cependant être attentif à certaines réticences et ne pas imposer d'emblée une position, mais être à l'écoute des besoins, chercher avec chacun ce qui semble le mieux lui convenir : il est possible que des enfants préfèrent ne pas incliner leur cahier mais le garder droit, cette position leur semblant plus confortable ; c'est donc celle-là qui sera adoptée pour eux.

1. Supination : position de la main renversée et présentant la paume en dessus ; en position de pronation, au contraire, la paume est en dessous.

Intériorisation des trajectoires

Le langage sensoriel graphique

Le signe graphique s'inscrit dans la mémoire par l'intermédiaire de trois canaux sensoriels : la vue, le toucher, la sensation kinesthésique (sensation musculaire du mouvement, indépendamment des autres sens). On peut ajouter le canal auditif lorsque les mouvements de l'écriture sont verbalisés.

L'intériorisation du mouvement, les yeux fermés, facilite la formation de l'image mentale que le cerveau enregistre (image motrice). Au moment de l'écriture, cette image guide la main pour tracer la lettre.

La connaissance n'est pas une représentation mécanique d'un modèle visuel : ce n'est pas savoir refaire indéfiniment la même forme, c'est parvenir à *l'intégration mentale* de celle-ci et des mécanismes qui la sous-tendent. C'est « construire ou reconstruire l'objet de la connaissance, de façon à saisir le mécanisme de cette construction ; c'est produire en pensée de manière à reconstituer le mode de production des phénomènes[1] ». La reproduction d'une lettre est mentalisée et mémorisée d'autant mieux que sa construction interne a bénéficié de conduites convergentes faisant participer les différentes mémoires : visuelle, tactilomotrice (dans le mouvement) et auditive (quand la voix guide le sens du mouvement).

Gradation possible

– Les lettres « marchées » : une lettre en grande dimension est tracée sur le sol, le point de départ est indiqué, l'enfant marche en suivant le sens du tracé, guidé par la voix.
– Les lettres représentées dans l'espace en grande dimension, intégrées dans une guirlande de boucles, au cours d'un déplacement de gauche à droite (voir fiche 44).
– Les lettres touchées : à partir de lettres rugueuses[2] par exemple, on peut toucher les lettres en suivant le sens du trajet, le départ étant indiqué par un point, et apprendre à les distinguer les yeux fermés. Puis on les phonétise.

1. Piaget, *op. cit.*
2. Ces lettres, que l'on trouve dans le commerce, sont découpées dans de la toile émeri.

– Les lettres de grande dimension repassées (voir fiche 45), sur un plan vertical : au tableau ; sur un plan horizontal : sur une feuille. L'enfant peut toujours retourner à la lettre rugueuse, s'il en a besoin.
– Les lettres reproduites à la pâte à modeler.
– Les lettres tracées en grande puis en plus petite dimension au tableau et sur une grande feuille. Elles sont intégrées dans une guirlande pour tenir compte de la *liaison de la lettre* avec la suivante : la lettre n'ayant pas pour fonction d'être isolée mais d'être associée à d'autres pour constituer un mot.
Elles seront ensuite *reproduites en format scolaire.*
Pour aider un enfant qui n'a pas tout à fait acquis la trajectoire, on peut décomposer ainsi :
– Lui donner le modèle à main guidée, sans visibilité, et le guider de la voix : « Tu fermes les yeux, je vais guider ta main, tu essayes de sentir ce qui se passe. » Exemple : « Nous montons, nous tournons à gauche, nous descendons, puis nous remontons vers la droite. » Il arrive que le sens de cette lettre soit inversé, au début, et que l'enfant tourne à droite en arrivant vers le haut de la lettre au lieu de tourner à gauche. Il peut ensuite lui-même essayer de repasser, les yeux fermés, sur la lettre, en se dictant oralement son geste.
– Lui donner le modèle cinétique sans induction motrice : « Tu regardes, je monte, je tourne ». Il reproduit en verbalisant.
– Il ne dispose plus que du modèle visuel statique. S'il a pu intérioriser les inductions verbales, il va lui-même organiser son mouvement.

L'initiation à l'écriture cursive : les familles de lettres

Les lettres peuvent être groupées par familles. Par exemple :

– Les lettres bouclées avec ou sans hampes : l e h b k

– Les lettres rondes ou arrondies : a o d c x

– Les lettres en coupes : u v w

– Les lettres en arcades : n m

– Les lettres avec jambages bouclés : g j y f z

– Les lettres bâtonnées : *i t p q*

– Les autres : *r s*

– Selon les normes calligraphiques et une progression prenant en considération : la dimension dans les plans verticaux et horizontaux, et les proportions.

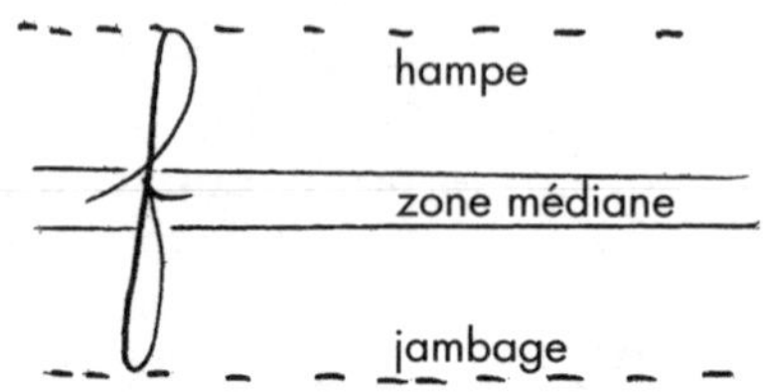

Insérer la lettre dans un mouvement continu

La lettre dans l'écriture cursive n'est pas une forme isolée, elle est liée à d'autres lettres. Cette liaison est difficile car elle résulte d'un geste graphique qui doit coordonner les mouvements d'inscription des formes et leur progression sur la ligne.
On s'exerce d'abord avec des boucles car, au début de l'apprentissage, c'est impossible avec des lettres. La forme ainsi insérée dans un mouvement continu, l'enfant prend l'habitude de ne pas interrompre son geste dans la finale de la lettre mais de repartir dans un élan, ce qui permet d'introduire l'élément dynamique de l'écriture. Il s'entraîne au mouvement d'inscription puis de translation vers la droite, en même temps qu'il perfectionne la forme de la lettre, la division de l'espace-ligne, la maîtrise de la page.

Fiche 30

Gammes

Objectif : Insérer la lettre dans un mouvement continu.
Âge : À partir de 5 ½-6 ans
Matériel : Feuilles de papier non ligné (50 x 40 cm et 21 x 29,7 cm), papier ligné avec des lignes horizontales très espacées, puis espacées de 6 mm, de 5, et de 4.

Organisation

Il est nécessaire que les premières séances se fassent avec un groupe réduit d'enfants. Le groupe augmentera au fur et à mesure que les enfants progresseront.

Un exercice de détente est proposé avant la séance, afin que celle-ci se déroule dans le calme et que chacun puisse se concentrer.
Il est important de veiller à la détente générale, aux positions des épaules, de l'avant-bras scripteur, en appui léger sur la table, l'autre main tenant la feuille. Vérifier que les pieds sont bien à plat sur le sol. Si un enfant est trop tendu, il peut faire le même exercice au tableau.
Ne pas s'attendre à ce que l'exercice soit réussi la première fois.

Durée

Chaque exercice sera très court.

Première étape : inscription de la lettre

L'intégrer dans le mouvement continu d'une forme fermée pour qu'elle ne reste pas isolée graphiquement ni statique. Repasser trois fois (« route » assez large).

Deuxième étape : progression sur la ligne

La lettre est intégrée dans une guirlande de quatre boucles. On peut introduire un rythme : deux boucles, une lettre, deux boucles, une lettre...
L'espace entre les guirlandes correspond sensiblement à la largeur d'une boucle. Prévoir une ligne ou deux au maximum.

L'enfant débutant manquant de maîtrise du geste n'arrive pas à régulariser les espacements entre les mots. Il peut s'entraîner plus facilement avec les guirlandes seules :

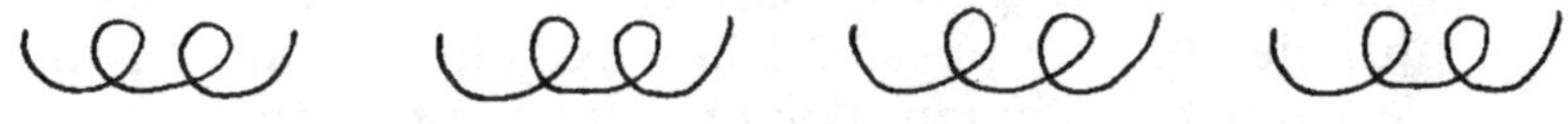

– des coupes :

Faire le même exercice sur une feuille de format 21 x 29,7 cm.

Troisième étape : organisation de la page

Sur format 21 x 29,7 cm, tracer des lignes de guirlandes pour apprendre à organiser la page avec les intervalles entre les mots et les interlignes.

Quatrième étape : sur papier ligné

Les lettres vont être d'abord posées sur les lignes. Les enfants apprennent ainsi à respecter une ligne de base.

Puis ils écrivent entre deux lignes espacées de 6 mm, puis de 5, de 4.

La réglure Sieyès impose une dimension trop petite pour un enfant qui est au stade de l'apprentissage.

Apprentissage systématique des lettres

Le moment réservé à l'écriture exige le silence et le calme, pour aider à une meilleure concentration. Des temps de détente peuvent être prévus avant de commencer les exercices spécifiques d'écriture : par exemple le massage des doigts (voir fiche 13), des étirements, des exercices de contraction-détente, des exercices respiratoires, le pantin désarticulé (voir fiche 47) des exercices sensoriels, ou tout simplement un chant.

L'apprentissage systématique des lettres, une à une, se fait selon une progression qui tient compte de la difficulté de chaque lettre.

La forme des lettres ne contiendra aucune fioriture qui compliquerait le travail de l'enfant, elle sera simplifiée, tout en respectant la calligraphie et en permettant la meilleure lisibilité.

Chaque lettre est préparée selon la gradation indiquée plus haut, puis phonétisée et retrouvée dans des mots, en particulier dans les prénoms des enfants.

Le crayon à mine tendre est soigneusement taillé, mais pas trop pointu. Pour les lettres qui présentent des difficultés, on peut prévoir de faire repasser cette lettre tracée sur un carré de papier rugueux (15 x 15 cm).

Ces exercices d'apprentissage systématisés sont présentés avec le plus de rigueur possible. Les exigences concernant les essais d'écriture du débutant devront être à la mesure de ses possibilités afin de ne pas le décourager mais, au contraire, de le conduire au plaisir d'écrire, gage de sa réussite.

C'est pourquoi il ne faudra pas s'acharner pour obtenir le résultat escompté ; là aussi, il conviendra de respecter le rythme et l'émotivité de chacun.

Les familles et quelques particularités

Les lettres bouclées

Les lettres « l » et « e », le mot « elle »

Pour chaque lettre prévoir les mêmes étapes :

1. Au tableau en grande dimension, repasser sur la lettre avec l'éponge humide, avec la craie.
Tracer sans modèle sur le tableau et sur une feuille de 40 x 50 cm la lettre « e ». Ne pas faire de coquille :

 et non  qui devient 

2. Sur feuille 21 x 29,7cm, sans ligne puis avec les lignes.
3. Tracer « elle » en grand au tableau et repasser.
Le tracer sur feuille 50 x 60 cm avec un gros crayon.

Veiller à ce que le geste soit bien « enroulé », sinon faire repasser sur un modèle. *Attribuer plus d'importance au geste qu'au résultat de la trace.*
4. Écrire le mot « elle » sur une feuille 21 x 29,7 cm.
On peut faire entrer oralement ce mot dans une phrase ou l'associer avec des mots écrits sur des étiquettes.

La lettre « b », la syllabe « be »

Mêmes étapes que pour le « l ».
Apprendre l'arrondi de la liaison du « b » avec le « e ». Cette liaison en courbe descend un peu pour accueillir le « e ».

Le mot « belle »

Mêmes étapes que pour le mot « elle ».

La lettre « h »

Mêmes étapes que précédemment.

Les lettres rondes

Elles ne comportent pas de petites obliques avant l'arrondi.

La lettre « a »

Elle se trace en un seul geste.

1. L'insérer dans une forme fermée : apprendre à lever la main en 1, à repartir dans le sens de la flèche en 2, puis à ne pas s'arrêter avant la croix du haut.

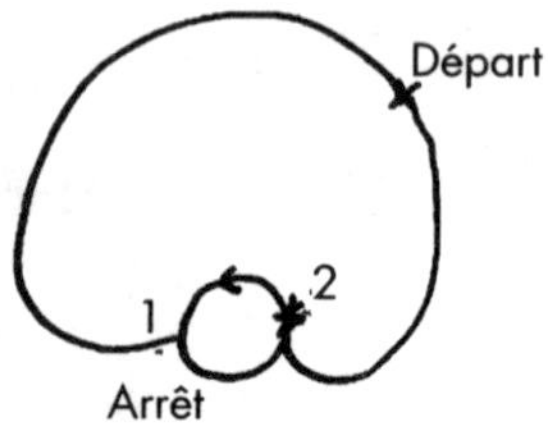

2. Pour apprendre à bien ajuster son geste en accolant la forme arrondie à la liaison précédente, l'insérer dans des boucles :

Pour aider à la précision du geste oculomoteur, on peut proposer l'exercice suivant sur feuilles de différents formats :

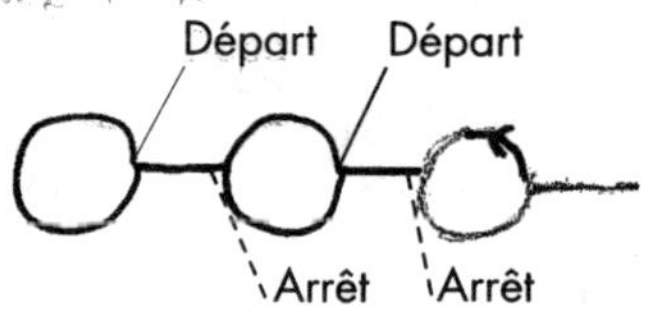

Cet exercice oblige à bien calculer l'espace et éduque l'œil. Veiller à ce qu'il n'y ait pas d'arrêt avant le tracer de l'horizontale.

3. Le mot « balle ».

La lettre « d »

Comme pour le « a », pas d'arrêt avant la barre verticale : remonter d'un geste léger, redescendre en appuyant davantage. L'enfant doit s'habituer à la continuité du geste et non à un geste morcelé.

L'inclure dans une guirlande de boucles :

Écrire le mot « dalle ».

La lettre « o »

Veiller à ce que la boucle de la liaison, s'il y en a une, soit très petite.

La lettre « c »

Sans petite initiale oblique qui fait perdre du temps et qui est inutile.

Cette lettre peut être insérée dans les mots : « col », « lac »…

La lettre « q »

Pas de trait oblique avant l'arrondi. Cette lettre peut être insérée dans le mot « coq ».

Si l'enfant ne parvient pas à réaliser ces lettres en un geste continu, le laisser momentanément exécuter le tracé en deux « morceaux ». La souplesse de l'enseignant est indispensable

Les lettres en coupes

Les lettres « u », « v », « w » et « y »

Elles peuvent être préparées par des guirlandes de coupes.

Les guirlandes sont de quatre coupes (soit la longueur moyenne d'un mot).

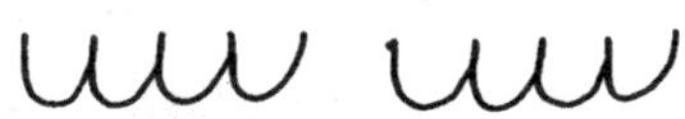

Les lettres en arcades

Les lettres « n » et « m »

Elles peuvent être préparées par des guirlandes d'arcades :

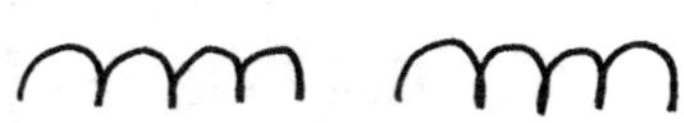

On peut les inclure dans des guirlandes de boucles, en comptant les boucles et les jambages.

n 1 2 1 2

m 1 2 3 1 2 3

On ne s'étonnera pas si l'enfant déplace sa main avant le « n » et le « m », ce qui est très possible, compte tenu du niveau moteur de l'enfant de cinq-sept ans. Pour l'aider, prévoir le gros crayon de couleur à facettes ou le crayon noir à mine tendre.

Les lettres avec jambages bouclés

La lettre « j »

Elle associe un mouvement ascendant léger et un autre descendant plus ferme avant de revenir, par le jambage, sur la ligne d'écriture (ligne médiane). Elle comporte un

point. Il est bon de prévoir un entraînement au point : apprendre à le poser d'un seul geste.
La lettre sera ensuite incluse dans le mot « je ». L'occasion est alors offerte de présenter ce pronom qui peut être le point de départ d'un exercice de langage où chacun peut trouver des actions et les exprimer : « Que fais-tu le matin ? » « Je me lève », etc.
Une autre séance peut porter sur « je suis », offrant ainsi le moyen d'approcher l'identité de l'enfant qui sera amené, de façon très simple, à se poser cette question : « Qui suis-je ? ». Veiller à ce qu'il ne reste pas sur des réponses superficielles. Si c'est le cas, pousser plus loin le « Qui es-tu ? ».
Ce travail plus psychologique n'est pas sans intérêt sur le plan éducatif.

La lettre « g »
Sans lever la main. L'inclure dans une guirlande, dans un mot court : « âge ».

La lettre « y »
Elle est exécutée sans lever de main et associe une coupe (voir plus haut) et un jambage.

La lettre « f »
Pour les proportions, prévoir cet exercice prégraphique, au tableau d'abord, puis repasser sur modèle au tableau ; l'exécuter alors sur une feuille de grand format.

Ensuite, écrire la lettre « f » sans boucle dans la zone médiane (en 1), en grand format, d'abord au tableau.
On repassera sur le modèle du tableau… on écrira enfin la lettre sur papier ligné de format scolaire.

L'inclure dans le mot « fille », apprendre à poser le point sur le « i ».

Toutes ces lettres peuvent aussi être préparées et perfectionnées par les exercices suivants, en grande dimension pour commencer :

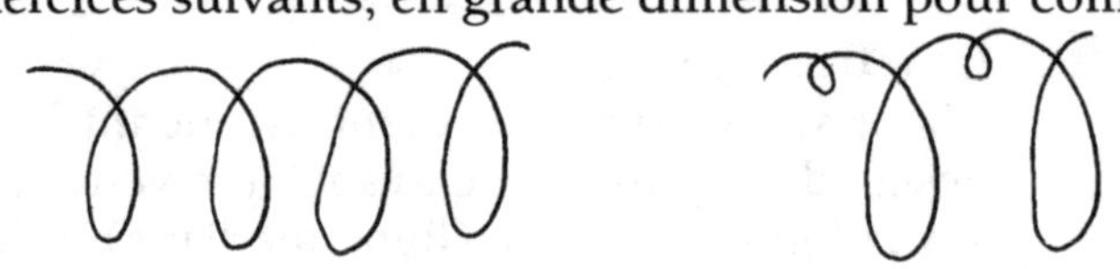

Les lettres bâtonnées

La lettre « i »

C'est l'occasion d'apprendre à poser le point d'un seul geste.

La lettre « p »

Exécutée au début en deux « morceaux ». Mais dès que l'enfant est assez habile, il remonte le long du trait vertical avec légèreté pour tracer la petite arcade.

Il peut l'inclure dans une guirlande de boucles.
Il peut s'entraîner :
– en alternant des traits verticaux légers en montant, appuyés en descendant,
– en remontant avec un trait léger, sur le tracé bâtonné du « p ».

La lettre « t »

Avec un lever de main pour tracer la barre de gauche à droite. Cette barre du « t » se trouve environ aux deux tiers de la hauteur à partir de la base de la lettre.
Les gauchers pourront éventuellement la tracer de droite à gauche.

droitier gaucher

Les autres lettres

La lettre « r »

Cette lettre sera apprise sans boucle. Le rythme aide l'enfant ; il compte 1, 2, 3 en chantonnant :

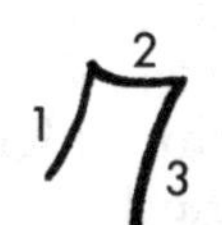

La lettre « s »

Sa difficulté fait qu'elle aura peut-être besoin d'être repassée en grande dimension, plus que les autres lettres.
On pourra repasser sur papier rugueux si cela est nécessaire.

Levers de crayon devant « a », « o », « c », « d », « g », « q »

L'enseignement systématique du lever de main avant ces lettres évite des tracés erronés que l'enfant invente.

Les liaisons difficiles

Ces ensembles sont à apprendre en grande dimension, en repassant sur les lettres, avant de les tracer en dimension réduite.

br vr on om oi ou

oe or op

se su sa ch

Les accents

Les accents sont appris graphiquement en même temps qu'ils sont phonétisés et inclus dans des mots. On peut éventuellement donner des repères :
– l'accent du « é » de pré, à tracer de haut en bas et légèrement incliné vers la gauche ;
– l'accent du « è » de chèvre, à tracer de haut en bas et incliné vers la droite ;
– l'accent du « ê » de forêt, à commencer à gauche.

Les notions de grandeur et de proportions

Beaucoup d'enfants ont du mal à respecter les proportions des lettres. Voici quelques activités pour s'exercer à la reproduction de formes identiques, pour affiner le contrôle du geste et éduquer le regard.
Ne pas oublier que l'enfant de six ans a besoin d'écrire grand car sa motricité ne lui permet pas encore de respecter les grandeurs ni les proportions. Le « t » par exemple n'est pas différencié du « r » ou du « i ». Selon J. Peugeot[1], cette difficulté n'atteint qu'un tiers des enfants de six ans et disparaît normalement rapidement.

1. J. Peugeot, *La Connaissance de l'enfant par l'écriture*, Toulouse, Privat, 1979.

À partir d'une ligne horizontale

Faire tracer des séries de traits verticaux égaux vers le haut puis vers le bas, à des distances égales :

Vérifier les notions « au-dessus de » et « au-dessous de ».

À partir d'un trait vertical

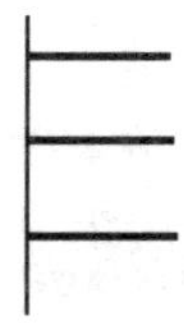

Tracer une série de traits horizontaux égaux et à des intervalles égaux :
Les signes =, + et x peuvent être appris à cette occasion.

Sur une ligne horizontale

Poser alternativement une grande et une petite coupe :

Puis une série croissante et une série décroissante :

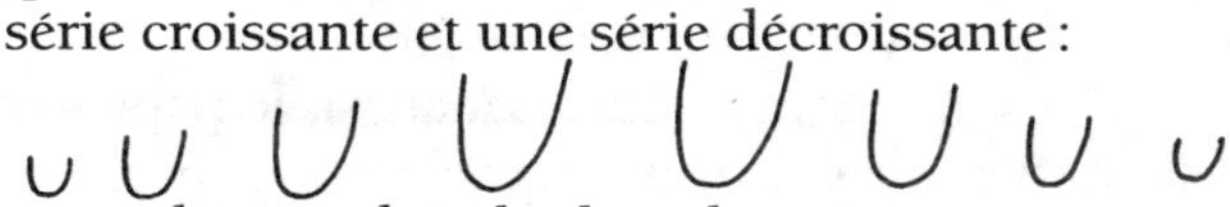

De même avec des arcades, des boucles, etc.
Dans un second temps, faire porter l'attention sur la régularité des intervalles entre des guirlandes de coupes ou d'arcades (pour aider à l'espacement régulier entre les mots).

Les proportions des lettres

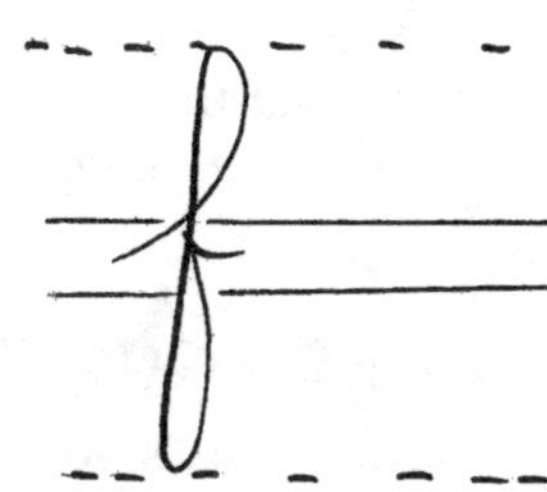

Les étudier d'abord en grande dimension. Tracer deux lignes pour la zone médiane des lettres et deux lignes en pointillé pour limiter la zone supérieure et la zone inférieure.
En grande dimension, ne pas rechercher les proportions exactes, mais seulement leur harmonie : faire remarquer que la zone inférieure est égale à la zone supérieure.
En format scolaire, respecter les proportions exactes : la zone supérieure et la zone inférieure sont deux fois plus grandes que la zone médiane.
Les lettres « d » et « t » sont légèrement plus petites.

Tracer des lettres « à vue d'œil »

Sans l'aide de lignes, s'entraîner à la régularité dans les dimensions et les proportions.
Ce ne sont pas seulement les possibilités de perception de l'espace qui interviennent dans ce domaine : l'adaptation affective joue un rôle également, comme chaque fois que des contraintes, des règles sont un peu trop précises. Sans doute faudra-t-il faire preuve de souplesse à l'égard de certains enfants : certains se repèrent bien sans ligne ; d'autres en ont davantage besoin.

La pression du trait ou appui

La pression engendre la conduite du tracé. « Il faut, pour que l'apprentissage soit possible, un minimum de tonicité permettant une pression, car il s'agit pour l'enfant d'appuyer suffisamment fort pour inscrire ses formes sans empêcher néanmoins leur progression[1]. »
Les enfants qui manquent de force digitale n'appuient pas assez, contrôlent mal l'instrument et produisent un tracé vacillant. D'autres, en appuyant trop fort, se fatiguent.
La fiche 17 est à recommander. Là aussi, le papier carbone pourra servir de moyen de contrôle.

Les chiffres

Les chiffres sont appris après les lettres. Leur écriture est liée au calcul comme celle des lettres est liée à la lecture.
Le sens giratoire de certains chiffres comme le 2, le 3 et le 5, est à l'inverse des lettres rondes.
Ils peuvent être « repassés » sur formes rugueuses, comme les lettres, puis appris en grande dimension avant d'être reproduits en petite dimension.

Les gauchers

Ces enfants sont-ils désavantagés au départ ? Effectivement, les conditions de l'écriture ne semblent pas les favoriser, et cela pour plusieurs raisons :
– Ils doivent pousser l'instrument au lieu de le tirer.
– Le tracé d'une oblique dans le sens gauche-droite, en montant ou

1. R. Olivaux, *Pédagogie de l'écriture*, Masson, 1988.

en descendant, est plus facile pour un droitier que pour un gaucher, or ce tracé est fréquent dans notre écriture. Des tracés à la peinture, avec un pinceau de très bonne qualité, sont un bon entraînement, dans la détente et la souplesse, à ces mouvements difficiles, particulièrement ceux qui concernent l'oblique. L'oblique gauche-droite sera reprise avec un gros crayon de couleur.
– La position de la main : de plus en plus d'enfants gauchers placent leur main gauche au-dessus de la ligne, dans une position parfois peu confortable et en cachant ce qu'ils écrivent. Certains semblent bien s'en accommoder. L'essentiel consistant toujours à éviter les crispations, il faut dans certains cas la respecter, l'enfant y trouvant sans doute un avantage. Il convient de l'aider à aménager cette position de façon qu'il soit le plus à l'aise possible sans cacher ce qu'il écrit et avec l'inclinaison de feuille qui lui convient le mieux. La main placée sous la ligne favorisant la mobilisation du poignet, il apparaît logique de la proposer à l'enfant quand il débute l'apprentissage de l'écriture, en même temps qu'une légère inclinaison de la feuille vers la droite mais toujours sans rigueur excessive.

Quelques conseils pratiques

– Les mouvements du bras gauche doivent être libres.
– La lumière doit venir de la droite afin d'éviter l'ombre de la main.
– On peut permettre de tracer les barres de « t » de droite à gauche.
– Ces enfants ont besoin, au début de la scolarité, de tolérance et d'attention particulière parfois, en sachant cependant qu'ils ne sont pas plus que les droitiers sujets à la dysgraphie. Ils peuvent, au contraire, devenir des scripteurs très habiles.
– Le crayon, comme pour les droitiers, est le meilleur instrument. Ensuite, selon ce qui convient le mieux : un bon stylo-bille ou un feutre fin, en attendant le stylo-encre qui pose d'ailleurs des difficultés à certains.

Écriture et lecture

L'écriture, par sa fonction langagière, est intimement liée à la lecture et au langage oral dont elle découle.
Les structures verbales, engrangées dans la mémoire, enrichissent l'expression orale et retentissent sur la lecture et l'expression écrite : en effet, la reconnaissance de ces structures et leur reproduction sont facilitées parce que connues.

L'apprentissage de la lecture et de l'écriture se feront simultanément. Car la lettre fait partie d'un mot, qui lui-même fait partie d'une phrase, et transmet un message appelé à être lu. Chacun sait que lire n'est pas seulement déchiffrer, mais appréhender le contenu d'un texte, c'est comprendre. Cela suppose une automatisation des mécanismes de la lecture. L'écriture bien automatisée, à son tour, apporte au langage oral et à la lecture, son soutien de fixation en matérialisant le mot, en lui donnant corps.
Au cours de l'apprentissage, ces deux modes du langage écrit sont en interactions permanentes et s'épaulent mutuellement.
Pour aboutir au sens concret du mot et de la phrase, l'apprentissage de la lecture fait intervenir plus spécialement le visuel et l'auditif. L'écriture, quant à elle, exige en plus les sensations kinesthésiques : le mouvement graphique entraîne la participation du corps. L'écriture corporalise le mot, la phrase, le texte et favorise ainsi l'engramme et la mémorisation.

Le prénom

De tous les mots que l'enfant entend, c'est son prénom qui retentit le plus à ses oreilles, comme un appel, le plus souvent empreint de tendresse, mais aussi parfois de reproche. Ces syllabes sonores le concernent personnellement : elles le désignent, le distinguent, elles lui appartiennent. Il apprend à l'école qu'elles ont aussi une forme graphique qu'il va d'abord reconnaître globalement en tant qu'image du mot, avant de la voir comme une combinaison de signes orientés.
Le prénom est donc un terrain de choix pour apprendre à lire et à écrire ; là aussi, il est nécessaire de préparer le terrain.
Certains prénoms contiennent des lettres et des associations de lettres plus difficiles que d'autres.

Exemple d'une pratique en grande section

Chaque enfant a une étiquette d'environ 10 x 10 cm sur laquelle on trouve :
– sa photo,
– son prénom écrit en cursive,
– un signe graphique le représentant : son symbole en quelque sorte (utilisé depuis la moyenne section).
Un grand tableau regroupe toutes les photos ainsi que les prénoms écrits en cursive et les symboles.
Dans une première séance de travail collectif, tous essaient de retrouver les lettres qu'ils connaissent, qu'ils ont déjà travaillées

phonétiquement et graphiquement. Ils reconnaissent par exemple le « a », le « e », le « i ». L'enseignant écrit alors les prénoms concernés au tableau, les enfants repassent sur le mot avec le doigt, l'éponge, etc. Ils peuvent verbaliser en même temps : « Je passe sur la première lettre, j'accroche la deuxième… ».
Dans une seconde séance, chaque enfant écrit son prénom sur une feuille de format normal avec le modèle de l'étiquette, en respectant la trajectoire.
Par la suite, le prénom sert pour signer les dessins, avec l'étiquette comme modèle (jusque là, les dessins étaient signés avec le symbole.)

Apprendre à dire en écrivant

L'enfant de six ans qui commence à apprendre à écrire aborde un autre univers. Il perçoit d'abord un ensemble confus de signes graphiques puis celui-ci devient peu à peu une langue vivante qui s'anime d'autant plus que le « dire » peut s'exprimer et se lire.

Importance du dessin dans le dire et du dire dans le dessin

Il est important que les apprentissages premiers de la lecture et de l'écriture ne soient jamais dissociés du langage oral et des autres modes d'expression dont dispose l'enfant. Ce qui est dit peut être dessiné. Le dessin est le mode privilégié d'expression de l'enfant en maternelle, mais aussi aux cours préparatoire et élémentaire. Il peut être considéré comme le substitut du mime. C'est un moyen de stimuler l'expression et de préparer à l'expression écrite.
Encourageons l'enfant à « raconter » à travers des dessins, sans porter de jugements de valeur sur la qualité esthétique qui pourraient bloquer l'expression en détournant l'attention de l'objectif premier.
Le dessin libre avec des légendes peut être proposé. Le journal de classe et la correspondance avec d'autres enfants sont aussi d'excellents moyens de stimuler le désir d'écrire en intégrant l'écriture à la vie de l'enfant.

Des jeux pour dire

L'enfant écrit s'il a des choses à dire et s'il dispose des mots pour le dire. La catégorisation permet d'établir un lien entre des objets différents, et de retrouver leur caractère commun. Il est nécessaire de stimuler l'évocation de mots inclus dans des catégories, ce qui a l'avantage de créer un ordre, de recentrer, d'unifier la pensée, en même temps que le vocabulaire s'enrichit. Pour ce faire, voici quelques jeux réalisables à partir de six ans.

Le plus de noms possible

Ce jeu se fait oralement, il s'agit de trouver le plus de noms possibles à partir de thèmes divers. On pourra éventuellement limiter le temps.

Les thèmes sont écrits sur des petits papiers tirés au sort. Chacun à son tour tire un papier et doit trouver les mots concernant la catégorie indiquée. Exemples : les moyens de transport, les métiers, les outils, les ustensiles de cuisine, les matériaux (métal, plastique...), les fruits, les fleurs, les légumes, les boissons chaudes ou froides, les produits laitiers, les arbres, les animaux, en général, puis par espèces.

Le mot dans la phrase

Toujours oralement, à partir des mêmes thèmes, mettre le mot dans une phrase pour susciter des représentations mentales.

Écrire n'est pas copier

La copie n'a pas d'intérêt pour les enfants qui n'ont pas acquis la lecture courante et cela pour plusieurs raisons :

– elle les contraint à la transcription lettre par lettre, le regard faisant un va-et-vient continuel du cahier au livre ;

– la main qui écrit doit à la fois conduire le trait et soutenir le cahier parce que l'index de l'autre main est occupé à suivre la ligne sur le livre.

Cela entraîne forcément une attitude inconfortable, des crispations et un graphisme le plus souvent haché, inégal présentant des difficultés à suivre la ligne de base.

La copie ne peut donc être considérée comme un exercice d'écriture.

Elle peut cependant être utile aux enfants qui ont acquis la lecture courante à condition de garder le lien entre lecture et écriture.

Apprendre à copier

L'enfant doit prendre l'habitude, non pas de copier mot à mot, mais de visualiser un membre de phrase et de le mémoriser avant de l'écrire. Cela exige un apprentissage et un entraînement.

– Le membre de phrase est lu ;
– Laisser un temps de mémorisation visuelle (l'enfant peut fermer les yeux et se représenter mentalement le passage lu). S'il s'agit d'un enfant avec un profil plus auditif, il peut épeler un mot difficile. Il vérifie lui-même s'il ne s'est pas trompé en visionnant de nouveau le membre de phrase ;
– Le membre de phrase est caché par un petit rectangle en carton ;
– Il est écrit ;
– L'enfant enlève le petit carton et vérifie l'orthographe des mots.
La copie devient alors un exercice complet : lecture, écriture, orthographe. L'esprit de l'enfant est rendu actif, présent au texte et à sa signification.
Même les apprentis lecteurs et scripteurs peuvent bénéficier de la copie réalisée de cette façon, elle s'apparente alors à la dictée : l'enfant lit une phrase courte et simple qui contient des sons et des lettres connus, il se les dicte à lui-même et il contrôle ensuite. Il peut d'ailleurs procéder ainsi pour préparer ses dictées.
La dictée reste un très bon exercice quand elle suit la progression de l'apprentissage de la lecture ; l'écriture apporte alors dans les exercices copiés et dictés son concours efficace car les sensations kinesthésiques alimentent la mémoire motrice qui s'associe à la mémoire visuelle et auditive pour graver plus solidement le mot et la phrase.

Les troubles de l'écriture

Lors de l'apprentissage, on ne peut pas séparer lecture, écriture, orthographe. La dyslexie a des répercussions sur l'orthographe, et secondairement sur l'écriture qui souffre des ratures fréquentes. Les hésitations permanentes, concernant la manière d'écrire un mot, finissent par s'inscrire dans le geste graphique, et l'écriture se détériore.
L'objet de ce livre ne concerne pas les problèmes d'écriture. Toutefois, il me semble opportun d'en donner un très bref aperçu :
– Si un enfant est particulièrement maladroit ou instable, s'il présente des difficultés pour utiliser son corps dans l'espace, avec des repères corporels fragiles, alors qu'il a bénéficié des mêmes activités éducatives que ses camarades, il est nécessaire de s'en préoccuper et éventuellement d'avoir recours à un examen de sa motricité.
– D'autres troubles peuvent être liés au langage oral, celui-ci n'étant pas correctement établi (troubles de l'articulation, de la compréhension, retard de langage).

– La lenteur de l'écriture est un signal d'alarme, elle peut résulter de problèmes graphomoteurs. Elle peut être également la conséquence d'un mauvais décryptage des mots (retard de lecture).
– Un désordre de l'écriture peut correspondre à des troubles du comportement.
– Un enfant peut avoir mal en écrivant.
Ces difficultés doivent inciter l'enseignant à proposer aux parents de consulter un spécialiste.

Conclusion

Un acte complexe

Au terme de cet ouvrage, la complexité de l'acte d'écrire apparaît dans toute sa dimension et justifie ce qui a été préconisé dans l'approche corporelle pour développer toutes les fonctions présidant à cet acte social. Si les hommes ont mis des millénaires avant d'inventer l'écriture, cela veut dire qu'elle est l'aboutissement d'une longue élaboration. De même, il est indispensable de respecter chez l'enfant les différentes étapes de son évolution.
Pour l'adulte, en général, l'écriture est devenue un moyen familier de transcrire sa pensée, et la facilité d'exécution acquise et bien incorporée l'a rendue tout à fait banale. Nous avons alors tendance à oublier les étapes qui ont précédé les automatismes. En effet, pour la majorité d'entre nous, écrire est un plaisir parce que l'élan du mouvement est libre, chacun pouvant laisser, à travers la trace graphique, sa marque personnelle. Il est vrai aussi que certaines personnes semblent trahies par leur écriture qui ne reflète ni leurs solides compétences motrices et manuelles, ni leur niveau intellectuel de qualité. Ce qui pourrait confirmer que beaucoup de paramètres interfèrent.

Est-il donc très difficile d'apprendre à écrire ?

Si l'on voulait commencer par où l'on veut aboutir, l'enfant se trouverait en effet devant une montagne. Mais heureusement, la pédagogie de l'écriture prend sa source dans le corps tout entier mis en mouvement au rythme des danses, des comptines et des chants, puisés dans notre patrimoine, et qui introduisent l'enfant dans un monde de gestes parlants et de langage oral. Plusieurs canaux sensoriels sont utilisés de sorte que la mémoire motrice et tactile renforce la mémoire visuelle et auditive. L'enfant se construit ainsi une structure capable d'accueillir le savoir, sa psychomotricité est stimulée, les aptitudes d'observation, d'attention, se développent, la capacité de concentration est éduquée. Les meilleures conditions sont alors réunies pour apprendre, retenir et conserver.

C'est naturellement et sans effort inutile qu'un beau jour l'enfant écrira, comme la rivière a d'abord cheminé sous la terre avant de jaillir à la surface. Il peut y avoir pour l'enfant comme un *déclic*. Il aborde l'écriture selon son âge, bien sûr, mais avec le plaisir de celui qui se sent à l'aise dans une activité, et c'est cela l'essentiel. Il peut parvenir à l'automatisme, puis à la personnalisation de l'écriture, à la fin de la scolarité primaire.

L'entraînement est toujours nécessaire ; on apprend à écrire en écrivant comme on apprend à lire en lisant.

Une préparation à l'écriture

Sans doute n'aurai-je donné dans ce livre que des pistes et non une progression rigoureuse d'exercices concrets. Beaucoup, parmi ces exercices sont très classiques et sans doute largement utilisés. Je n'ai pas cherché à innover, je fais confiance aux enseignants pour cela.

Il m'a semblé toutefois opportun d'éclairer et de relier l'ensemble des techniques qui préparent aux apprentissages de base, dont l'écriture fait partie, avant d'arriver à la spécificité de l'écriture qui est *à la fois une activité psychomotrice et langagière* coordonnant le langage oral et le langage écrit à partir de deux codes distincts.

À cela s'ajoutent les éléments de la personne : son affectivité et le mode de relation, son intelligence et les aspects cognitifs.

Des repères pour les parents

J'ai tenu aussi à donner aux parents des repères :

– pour permettre le suivi de leurs enfants dans les phases de pré-apprentissage et d'apprentissage,

– pour qu'ils puissent s'impliquer dans cette phase capitale de développement dans un esprit de collaboration avec les enseignants.

C'est pourquoi, parmi les fiches proposées, quelques exercices peuvent être intégrés à la vie quotidienne de la famille ou dans les jeux.

Après le CP

Le processus d'apprentissage se poursuit après le cours préparatoire jusqu'à l'acquisition de l'automatisme. L'écriture continue d'évoluer tout au long de la vie du scripteur, reflétant sa personnalité avec les fondements solides qui ont été établis dans ces phases de préparation et d'apprentissage initial.
En définitive, l'écriture est le miroir dans lequel le sujet se sent en harmonie avec lui-même et avec les autres.

Fiches d'exercices pratiques de la petite section au CP

Les exercices proposés ont pour but de fournir des pistes aux débutants dans l'enseignement et un échantillon de techniques de base, parmi lesquelles chacun pourra choisir celles qui lui conviendront le mieux parce qu'il les connaît ou les a bien senties. Nous avons tous en tant qu'adultes nos préférences. Nous avons également besoin d'un temps d'adaptation à un exercice inconnu pour bien l'intégrer, y être à l'aise avant de pouvoir le présenter clairement aux enfants et faciliter ainsi leur réussite.

Quand chacun des enfants aura bien compris la finalité de l'exercice, il pourra en inventer d'autres et laisser sa créativité s'exprimer. Car, en inventant, l'enfant donne aussi la preuve de ce qu'il a intégré et compris.

Nous présentons ici les fiches indiquées au cours de l'ouvrage.

À partir de l'eau

Objectifs :
– Acquisition d'un meilleur contrôle du geste pour améliorer la conduite du trait : dextérité, recherche d'un geste de plus en plus précis avec possibilité de freinage.
– Entraînement ludique à la prise de l'instrument graphique.

Âge : À partir de 3 ans.

Matériel : Lavabo ou bassine, récipients en plastique de différentes tailles (pots de yaourt, dînette...), ustensiles avec manche (pichet, louche, cuillère...), verre gradué, entonnoir, bouteilles de différentes tailles, compte-gouttes (ou pailles, chalumeaux).

Organisation

Travail en atelier de cinq ou six enfants.

Déroulement

Annoncer que ce travail doit se faire dans le calme. Devant l'ensemble de la classe, présenter le matériel, une seule catégorie à la fois. Montrer quelques exercices. Puis un premier groupe se retrouve autour de la bassine ou près du lavabo. Faire une seconde démonstration.

Première étape

Remplir, vider, transvaser avec un geste de mieux en mieux conduit et contrôlé. Essayer de ne pas faire couler d'eau à côté, pour apprendre à freiner le geste et à l'arrêter au moment voulu.

Deuxième étape

Même exercice avec un ustensile dont la préhension à pleines mains est facile.

Troisième étape

Même opération avec un ustensile qui comporte une anse ou un manche.

Quatrième étape

Utiliser le verre gradué qui permet de limiter de façon précise le remplissage.

Cinquième étape

Remplir des bouteilles en utilisant l'entonnoir au début, puis sans entonnoir.

Sixième étape

Utiliser le compte-gouttes.

Septième étape

« Course des garçons de café », d'abord avec une bouteille puis avec un verre tenu à pleine main ; enfin, un verre posé sur une assiette.

Pour augmenter la difficulté, contourner des cerceaux, franchir un pont (un plot), monter des escaliers...

Conseils

Observer l'état tonique des enfants (trop contractés ou trop relâchés). Le tonus doit être bien réparti dans l'ensemble du corps, les enfants doivent être en bon équilibre sur leurs jambes.

Si certains enfants sont mal à l'aise dans les étapes 4, 5 ou 6, les encourager, ne pas forcer, éventuellement interrompre l'exercice quelques instants, leur proposer ce qui les détend habituellement.

Fiche 32

Kapla

Objectifs :
– Finesse du geste, précision, maîtrise. Apprendre à saisir, à tenir, à poser.
– Exercice visuomoteur.
– Notion d'équilibre.
– Stimulation de l'imagination et de l'invention.
– Éducation de la sociabilité lors des exercices en groupe (2 à 4 enfants).

Âge : À partir de 2 ans ½ et jusqu'à 6 ans au moins.

Matériel : Jeu de kapla ou planchettes de 15 x 3 cm et de 0,5 cm d'épaisseur environ ; éventuellement des animaux de ferme en plastique.

Déroulement

S'installer sur un sol lisse. La présence de l'enseignant doit être discrète. Les enfants peuvent s'inspirer de modèles proposés ou construire ce qu'ils désirent : maisons, fermes, mobilier, tours,

escaliers, animaux, etc. Le respect de l'autre est indispensable pour une bonne collaboration.
Les planchettes sont mises à plat, de chant ou debout.

Durée

Cet exercice peut durer une demi-heure.

Fiche 33

Avec le papier

Objectifs :
– Décharger son trop-plein d'énergie ou d'agressivité.
– Se détendre à travers le plaisir d'entendre le bruit du papier.
– Découvrir le contact des doigts avec le papier.

Âge : 3 ans (petite section).
Matériel : Différents types de papier (rigide, crépon, ordinaire...), différentes épaisseurs (calque, cartonnette, soie...), différents formats et différentes couleurs, catalogues.

Première étape

L'enfant prend la feuille à sa façon, très souvent plusieurs à la fois, et déchire de toutes ses forces, puis la met en boule.

Deuxième étape

Attraper le haut de la feuille avec le pouce et l'index et tirer vers soi en maintenant la feuille avec l'autre main pour produire le plus possible de petites bandes de papier qui serviront pour décorer.

Variante

Cet exercice, plus précis, peut se faire avec toutes sortes de papiers fins (soie, crépon...).

Fiche 34

Déchirage

Objectifs :
– Prendre contact avec le papier, matière très scolaire.
– Libérer l'agressivité, décharger les tensions et amener une bonne détente.
– Tonifier la main et les doigts.
– Développer le sens esthétique.
– Entraînement visuomoteur.
– Exercice de coordination et dissociation.

Âge : À partir de 3 ans (petite section).

Matériel : Catalogues divers, papier peint, papier de soie, papier crépon.

Première étape : jeux libres

Chacun déchire le papier comme il veut, met en tas les morceaux déchirés, puis en constitue une boule à malaxer.

Avec le papier de soie et le papier crépon, l'enfant peut déchirer des morceaux, faire de petites boules qui serviront pour la décoration.

Pour une fois, un geste destructeur est permis et même valorisé. Parallèlement, l'enfant apprend à faire la distinction avec les livres qui, au contraire, doivent être respectés.

Deuxième étape : faire des petites bandes

La feuille est posée sur la table. Une main à plat la maintient, l'autre la prend entre le pouce et l'index. On tire vers soi en fabriquant des petites bandes de papier.

Cette activité peut être suivie d'une séance de déchiquetage.

Déchiquetage

Objectifs :
– Stimulation du bout des doigts pour une meilleure sensation et une préhension fine.
– Précision du geste.
– Coordination oculomanuelle.
– Développement de la créativité et de l'imagination.

Âge : À partir de 2 ans ½.

Matériel : Pages de catalogues en couleur (éviter le papier glacé), colle, papier support un peu fort.

Durée

– ¼ d'heure pour les enfants de 2 ans ½ à 3 ans ½,
– ¾ d'heure pour ceux de grande section.

Déroulement

Prévoir deux tables autour desquelles se répartissent cinq ou six enfants. Au milieu de chaque table se trouvent les catalogues et la colle.

Montrer d'abord comment déchiqueter des petits morceaux de la taille d'un gros confetti puis faire essayer à chaque enfant qui prépare ensuite un petit paquet de confettis de couleurs variées.

Quand chacun a compris la technique, montrer l'encollage : mettre un peu de colle sur le support et déposer les confettis. Le support peut représenter une forme à remplir (fleur, animal...). L'adulte doit montrer, aider, encourager, mais éviter d'intervenir car il n'y a pas de danger.

Variante

Le collage peut se faire sur d'autres supports : pots de yaourt, bouteilles, etc.

Fiche 36

Préparation au découpage

Objectifs :
– Développer une bonne dissociation des doigts en même temps qu'une bonne mobilité du poignet.
– Améliorer la dextérité (le découpage développe la dextérité en s'appuyant sur un travail de dynamique générale ; tout le corps est concerné par la posture, la bonne assise, qui facilitent l'action).
– Assouplir les muscles des doigts.
– Exercice de coordination.
– Entraînement à une posture correcte et détendue.

Âge : À partir de 2 ans ½ - 3 ans.

Matériel : par enfant : une paire de ciseaux à bouts ronds, qui coupent bien, une boule de pâte à modeler de très bonne qualité (qui ne colle pas), des bandes de cartonnette ou de carton à pâtisserie (20 cm à 1 m de longueur sur 1,5 cm de large) de couleurs différentes, un tube de colle, une feuille de papier de format 21 x 29,7 cm.

Préliminaires

Le choix d'une bonne paire de ciseaux est déterminant pour la réussite des découpages, sinon les enfants se découragent. La longueur ne doit pas dépasser 8 cm avec un diamètre d'anneau de 1,5 cm, pouvant aller jusqu'à 2 cm pour les enfants de six ans. Les bouts doivent être ronds, mais pas très larges, pour ne pas cacher le trait à couper. Ces ciseaux ne doivent pas être trop légers. La vis doit être serrée et les branches incurvées dans la partie coupante (elles sont souvent plates). On ne doit pas voir de jour entre les lames.

Pour transporter les ciseaux et éviter les accidents, apprendre à tenir la partie coupante dans la paume de la main, les ciseaux dirigés vers le bas (on peut les comparer à une paire de lunettes).

Pour découper, apprendre à tenir les ciseaux entre la deuxième phalange du pouce et du majeur, l'index étant posé sur l'anneau. Les petits peuvent utiliser le majeur et l'index.

Cette activité de découpage se déroule autour d'une table, sous la surveillance très vigilante de l'enseignant. Travailler avec six à douze enfants.

Première étape : le poisson

Chaque enfant dispose d'une paire de ciseaux posée devant lui. L'enseignant est assis avec le groupe et chante une comptine pour accompagner les gestes que les enfants exécutent en même temps que lui : le pouce, l'index et le majeur s'ouvrent et se ferment en même temps que la bouche du poisson. Les enfants imitent l'adulte.

« Je suis allé me promener et j'ai vu :
Un petit poisson dans la rivière,
il nage, il nage, il va ici,
il attrape un moucheron là.
Les oiseaux le regardent
et le poisson nage toujours. »

L'histoire peut présenter toutes les variantes.

Puis l'enseignant place les ciseaux entre les doigts de chacun en veillant à ce que les doigts soient bien en place.

Refaire l'exercice qui ne doit pas durer plus de trois à quatre minutes.

Variante

Les ciseaux peuvent aussi être comparés à une bouche qui s'ouvre et qui mord.

Deuxième étape : séance n° 2

Les enfants sont installés autour de la table. En même temps que l'enseignant, ils font un « saucisson » de pâte à modeler, environ de la grosseur d'un gros crayon.

Puis l'adulte prend les ciseaux et leur montre comment les tenir. Avec son aide, dans un premier temps, chaque enfant coupe une tranche de son « saucisson ». Il coupe ensuite seul une deuxième tranche.

Troisième étape : séance n° 3

Les enfants ont les ciseaux en mains. Reprendre la manipulation « à vide ».

Puis présenter la bande de cartonnette à chacun ; s'assurer que les enfants la tiennent correctement : c'est la main qui la tient qui guide le mouvement, l'autre coupe.

L'enfant donne un seul coup de ciseaux à chaque fois puis coupe à un autre endroit de la cartonnette. Les morceaux découpés sont mis dans des bols (un bol par couleur). Chacun fait son choix et les colle sur une feuille.

Cet exercice dure environ cinq minutes.

Remarques

Quand cet apprentissage est fait en petite section, il est acquis. Le découpage devient en moyenne section et en grande section une activité en soi. Elle est importante pour la préparation à l'écriture.

Il arrive que des enfants de moyenne section, lors d'une séance de découpage – sous l'effet de la fatigue sans doute –, changent de main fréquemment. Sans du tout chercher à les influencer, mais dans le but de faire sentir, on peut leur demander quelle est la main qui leur convient le mieux, puisque c'est aussi une réalité à découvrir : une des deux mains est plus habilitée à remplir cet office.

Fiche 37

Avec la pâte à modeler

Objectifs :

– Solliciter la pulpe de l'extrémité des doigts qui interviennent dans la prise de l'instrument scripteur.

– Favoriser l'acquisition des courbes graphiques.

– Éveiller la réceptivité aux sensations tactiles et kinesthésiques.

– Tonifier la main et les doigts.

– Découvrir le contact avec une matière souple.

Âge : À partir de 5 ans.

Matériel : Pâte à modeler ou plasticine, ou encore pâte « maison » : mélanger ½ verre de farine à ½ verre de sel et lier avec un dixième de verre d'eau. Elle a l'avantage d'être de bonne consistance pour des mains de petits et de sécher facilement lorsqu'on l'étale sur un support. Pour conserver les fabrications, utiliser de la pâte à bois. Certains produits ont l'avantage d'être blancs, et peuvent donc être peints une fois secs.

Premier exercice

Dans le calme et le silence, faire rouler délicatement un peu de pâte à modeler entre les paumes pour faire une petite boule de 2 cm de diamètre environ, bien ronde. Puis la prendre entre le pouce et l'index et la faire tourner sur la pulpe du pouce par un mouvement circulaire de l'index : « Tu fais un rond sur ton pouce ». Tenir, si nécessaire, le pouce avec l'autre main, pour le garder fixe.

Le coude est sur la table, l'avant-bras presque vertical. Proposer de fermer les yeux pour mieux sentir le contact et le mouvement. Pour les enfants qui ne parviennent pas d'emblée au mouvement circulaire, se contenter d'un va-et-vient sur le pouce.
La présence de l'enseignant doit être très attentive pour aider à la concentration et à la réceptivité.
Cet exercice dure cinq minutes environ, selon l'âge.

Variante

La boule de pâte à modeler restant sur le pouce passe sur chaque extrémité des autres doigts, jusqu'à l'auriculaire, et revient sur l'index.

Deuxième exercice

Chaque enfant prend une grosse boule de pâte à modeler dans chaque main qu'il referme très fort avec tous les doigts en griffes. La main peut être comparée à une mâchoire. Chaque temps de pression est suivi d'un temps de relâchement.
Dans un deuxième temps, inventer librement des personnages, des animaux, des objets. Puis faire des lettres ou des formes à partir de rouleaux de pâte.

Fiche 38

Premier contact avec l'instrument scripteur

Objectifs :
– Amorcer une bonne tenue de l'instrument scripteur sans crispation, sous forme de jeu.
– Nourrir le langage à travers l'accompagnement du geste par une comptine.

Âge : 2 ans ½-3 ans.
Matériel : Par enfant, un gros crayon à facettes, une feuille de grand format.

Déroulement

L'exercice se déroule avec six à douze enfants dans la salle de travail autour d'une table de façon à bien voir l'enseignant. Les enfants sont assis et calmes, chacun a un crayon et une feuille posés devant soi. La présence de l'adulte doit être très attentive et bienveillante.

Comptine :
« Le petit canard part en promenade
il va de ci de là,
il dit bonjour
il dit coin coin. »
(Au départ le pouce, l'index et le majeur sont joints, puis ils s'ouvrent et se ferment au fur et à mesure de la chanson.)
« Il rencontre son ami
le petit poussin
qui pique le grain
pic pic le poussin. »
(Les trois doigts joints frappent légèrement la table.)
Temps de silence : les doigts toujours joints.
Puis l'adulte glisse le crayon entre les trois doigts joints de chaque enfant et recommence la comptine du poussin.
Cette fois c'est avec le crayon que l'on frappe légèrement la feuille qui est devant soi. Chacun termine en traçant un cercle : le petit poussin rentre dans sa maison, on pose le crayon et le jeu cesse immédiatement.
Cet exercice ne doit durer que trois minutes au maximum.

Remarques

Ce jeu sera repris chaque fois que le groupe d'enfants de trois ans doit travailler avec le crayon pour que peu à peu la prise de l'instrument se fasse dans les meilleures conditions. Mais il est bien certain qu'on ne peut faire acquérir de façon définitive une bonne prise de crayon à des enfants aussi jeunes. C'est une simple amorce dans un jeu très court. Car, comme le dit le docteur Le Boulch, « une des caractéristiques du développement est la disparition et la résurgence des aptitudes.
L'acquisition d'un niveau de développement ne signifie pas qu'il soit pour autant fixé définitivement ».
Ne pas oublier également que l'éducation de la main ne peut être séparée de l'éducation globale de l'être qui est celle du jeune enfant de deux à cinq ans.

Apprentissage d'une meilleure prise du crayon

Objectifs :
– Établir une bonne relation avec le crayon.
– Acquérir une tenue souple de l'instrument : apprendre à tenir sans serrer.
– Sensibiliser la pulpe des doigts préhenseurs.
– Prendre conscience de la mobilité des doigts.

Âge : À partir de 5-6 ans.

Matériel : Deux bambous de 50 cm de long environ, (d'un diamètre équivalent à celui d'un gros crayon), par enfant, un gros crayon de couleur à facettes.

Déroulement

Cet exercice se fait dans le silence, si nécessaire après des exercices corporels et de détente.

1. Tenir un bambou dans chaque main entre les trois doigts scripteurs. Les deux mains travaillent en parallèle pour le faire glisser vers le bas puis vers le haut par une alternance de flexions et d'extensions des doigts.

2. Le crayon est tenu entre le pouce et l'index, le majeur ayant un rôle de soutien. Le faire glisser vers le bas en alternant des mouvements de flexion et d'extension, puis le faire remonter. Vérifier la pression de la main en prévenant l'enfant que l'on va tirer légèrement sur le crayon. Soit sa pression est trop forte et bloque le mouvement, soit elle n'est pas suffisante et l'instrument tombe.

Il est important de faire prendre conscience du contact de la main avec l'instrument scripteur. Pour mieux faire sentir, proposer de fermer les yeux, si c'est possible, ou de regarder ailleurs.

Variantes

1. Faire rouler un crayon entre le pouce et l'index de chaque main, le majeur le soutenant (les doigts sont dans la position d'écriture).

2. Faire rouler des crayons sur la table avec l'extrémité des doigts des deux mains, puis avec une seule main : la droite puis la gauche (le travail des deux mains ensemble tend à éviter les syncinésies).

3. Tenir le crayon comme dans la position de l'écriture. Il doit rester fixe entre les trois doigts qui fléchissent et se détendent pour produire un mouvement de va-et-vient qui va « scier » la base latérale de l'index au niveau de la phalange.

4. Faire rouler le crayon entre les trois doigts, simultanément des deux mains puis l'une après l'autre.
La présence de l'enseignant doit être constante pour maintenir la concentration et faciliter la réceptivité à la sensation. « Tu sens le contact du crayon, tu vas aller lentement pour mieux laisser rentrer la sensation, pour sentir le mouvement des doigts. »
Vérifier la détente des segments corporels.

5. Tenir la partie inférieure d'un bambou à pleine main, sans le serrer, ouvrir légèrement la main et la refermer de façon à faire descendre progressivement le bambou.
Même exercice avec les trois doigts préhenseurs.

6. Montrer la position correcte des doigts sur le crayon pour écrire. L'enfant doit attraper le crayon et le placer dans la bonne position.
Pour des enfants plus grands : attraper cinq ou six crayons à facettes d'une seule main et les placer entre les trois doigts, comme pour écrire.

Remarque

L'attention portée sur la sensation est primordiale pour l'intériorisation et la mémorisation du geste en rapport avec l'écriture.

Jeu de cloutage

Objectifs :
– Entraînement à la prise d'un instrument, à la dextérité manuelle, à la précision du geste.
– Exercice oculomoteur.
– Latéralisation.

Âge : 3 à 4 ans.

Matériel : Par enfant : un petit marteau en bois, une plaque de liège, des petits clous en laiton, de fins petits rectangles de bois percés en leur milieu.

Déroulement

La présence de l'adulte, nécessaire pour la mise en route, doit être ensuite plus lointaine.

L'enfant est assis bien en face de sa table, la plaque de liège posée devant lui, la boîte de clous du côté de sa main non dominante. (Le marteau est pris instinctivement par la main dominante.)

Il doit planter les clous dans la plaque de liège.

Les petits rectangles percés peuvent l'aider à positionner le clou et à le garder vertical. Ils permettent aussi de toujours voir le clou.

Durée

Cet exercice peut durer dix à vingt minutes.

Variante

On peut proposer des « plaques à piques » de formes différentes. Des perles minuscules sont encastrées dans ces piques et permettent un assemblage harmonieux.

Fiche 41

Exercices avec différents petits objets

Objectifs :
– Améliorer la finesse, la précision, la coordination, la rapidité et le contrôle de la main et des doigts.
– But esthétique dans certains cas.
– Rechercher l'appétence.

Âge : 5 ans (fin grande section, CP).

Matériel : Graines, lentilles, bouchons, perles, marrons troués, trombones, lacets plats de couleur (30 cm environ).

« Le critère essentiel de choix est que l'exercice plaise à l'enfant, qu'il ne déclenche ni angoisse, ni opposition » (Ajurriaguerra).

Déroulement

1. Poser les graines, les lentilles, les bouchons sur une ligne tracée, les coller et réaliser de petits tableaux.

2. Faire des enfilages avec les perles, les marrons.

3. Faire des chaînes avec les trombones. Montrer aux enfants puis les laisser expérimenter. En grande section ou CP distribuer 25 à 30 trombones à chacun. Jouer à celui qui fera la plus longue chaîne dans un temps limité.
Avec des trombones de couleur, on peut réaliser des sériations : 2 trombones rouges, 2 bleus, 2 rouges, 2 bleus, ou 2 bleus, 1 rouge, 1 vert, etc. Laisser inventer des rythmes différents.

4. Avec les lacets apprendre à faire des nœuds.

Variante : La tresse à trois brins

Un des bouts doit être accroché à un point fixe. L'adulte amorce la tresse que l'enfant continue.
Quand le geste semble mémorisé, proposer de fermer les yeux ou de porter son regard ailleurs.

Feu d'artifice

Objectifs :
– Tonifier les mains et les doigts.
– Prendre conscience de l'axe corporel et de l'indépendance du bras et du tronc.
– Se latéraliser : prise de conscience du côté dominant en utilisant les deux mains ensemble puis en alternance.
– Apprentissage de la pression du trait dans l'écriture.
– Décharger les tensions et libérer les pulsions grâce à l'ampleur du mouvement et à la force tonique dégagée.
– Donner de l'assurance aux inhibés et aux timides.

Âge : 4 ans.

Matériel : Tableau noir, craies de couleur, feuilles de grand format, crayons de couleur, scotch.

Première étape : Sur un plan vertical

1. Mime rapide du feu d'artifice, avec tout le corps et bruitage.

2. Se placer face au tableau, une craie de couleur dans chaque main. Les deux mains, paumes tournées vers le bas, sont placées dans l'axe du corps. Le mouvement jaillit vers le haut et les côtés, les poignets s'ouvrant en même temps que les bras. Le point de départ du graphisme est indiqué par une croix, qui sert de repère à l'axe du corps. Les mains doivent se placer le plus près possible de cette croix à chaque départ.
L'adulte exécute d'abord l'exercice au tableau, en précisant les positions, la tenue de la craie et en insistant sur l'éclatement du mouvement qui propulse le corps vers le haut. Puis il demande à un volontaire de réaliser son feu d'artifice, pour vérifier si l'exercice a été bien compris avant de poursuivre avec d'autres enfants.
Le graphisme est réalisé d'abord des deux mains ensemble puis alternativement de la main gauche et de la main droite.
Faire remarquer que le trait a tendance à s'alléger en fin de parcours.

Remarques

Si le tableau est suffisamment long, plusieurs enfants peuvent travailler en même temps. On peut aussi fixer des feuilles au mur et travailler avec un gros crayon de couleur dans chaque main.

Le tableau est un espace valorisant pour l'enfant parce qu'il est généralement réservé à l'enseignant : l'enfant l'investit avec plaisir.
La matière des différentes craies offre des possibilités sensorielles intéressantes, en même temps que la pression du trait dispose d'une variabilité importante.
L'épaule est sollicitée prioritairement.

Deuxième étape : Sur un plan horizontal

Sur une table collective, des feuilles de grand format sont posées et fixées par du scotch. Des crayons de couleur sont mis à disposition : une poignée dans chaque main, tenue à pleine main.
Sur une grande feuille, comme précédemment, le mouvement éclate, en traçant un ensemble de traits de différentes couleurs partant de chaque main.
D'abord des deux mains ensemble, puis de chaque main alternativement.
Reprendre ensuite l'exercice sur des feuilles plus petites.

Variante

Le même exercice peut être fait à la peinture : avec toute la main ou seulement les doigts.

Fiche 43

Jet d'eau

Objectifs :
– Prise de conscience de l'allégement du trait quand l'eau retombe.
– Entraînement à l'indépendance du bras et du tronc.
– Prise de conscience de la détente de l'épaule et du bras.
– Latéralisation.

Âge : 4 ans (moyenne section).

Matériel : Craies, grandes feuilles, crayons de couleur.

Déroulement

Il s'agit de dessiner un jet d'eau.

1. Au tableau, avec une craie dans chaque main, la main part en douceur puis retombe en courbe légère.

Faire prendre conscience que, lorsque la main retombe, le trait est plus fin parce que plus léger.
L'exercice est exécuté des deux mains ensemble, puis en alternant chaque main.

2. Reprendre le même exercice sur une grande feuille, avec un crayon de couleur dans chaque main.

3. Pour la grande section et le CP, terminer sur une feuille de format scolaire.

Remarque

Les exercices alternés main dominante et main complémentaire ont l'avantage de rendre plus réceptif aux sensations kinesthésiques, et de renforcer la main dominante.

Mouvement de l'écriture dans son vécu corporel

Objectifs :
– Vivre la trajectoire dans l'espace avant de la tracer sur la feuille.
– Vivre des coordinations et dissociations.
– Vivre le rythme respiratoire.
– Exercice visuomoteur.
– Latéralisation.
– Préparation au mouvement des boucles et des lettres avec hampes (« *l* », « *h* », « *b* »), dans la détente et en souplesse.

Âge : 5-6 ans.

Matériel : Tableau, craies, éponge.

Déroulement

L'exercice sera exécuté en plusieurs étapes pour le décomposer en ses éléments les plus simples.
On se rendra de préférence dans la salle de gymnastique.

Première étape : Déplacement gauche-droite par des pas de côté

L'enseignant montre l'exercice, tournant le dos aux enfants qui sont debout et qui le regardent.
Un enfant volontaire vient se placer derrière l'adulte et se déplace en même temps que lui, puis il recommence seul, à son rythme.
Par petits groupes, les enfants s'entraînent à ce déplacement

latéral, d'abord avec l'aide du modèle donné par l'adulte, puis seuls.

Deuxième étape : Coordination du mouvement de la main et du pied

Il s'agit d'exécuter les mêmes mouvements latéraux de gauche à droite et, en même temps que le pied glisse, de tracer au tableau un petit trait horizontal. Chaque fois, la main qui écrit doit rester dans l'axe.

L'adulte montre le modèle. Puis quelques enfants l'imitent.

Troisième étape : Coordination du bras et du pied

Le modèle est toujours donné par l'adulte dans l'espace.

Accompagnant le pied droit qui glisse latéralement vers la droite, un bras s'élève vers le haut et la droite, dans un geste d'étirement, en même temps que le regard se porte vers le haut. Puis le bras s'abaisse en même temps que le pied gauche rejoint le pied droit.

Les enfants entraînés et habitués à être présents à leur respiration, introduisent naturellement les mouvements respiratoires. Sinon, il est bon de profiter de cet exercice pour leur en faire prendre conscience.

Quatrième étape : La boucle dans l'espace

Monter le bras vers la droite comme précédemment, le tourner vers la gauche pour faire la boucle et redescendre en même temps que le pied gauche vient rejoindre le pied droit.

L'exercice est exécuté en verbalisant : « Je monte, je tourne à gauche, je redescends, je repars à droite, etc. ».

Cinquième étape : Grande boucle et petite boucle

Comme précédemment, faire une grande boucle et, dans le temps d'arrêt entre les deux pas, une petite boucle.

Sixième étape : Tracer des boucles au tableau

L'enseignant trace des boucles en progressant latéralement devant les enfants qui regardent. Un enfant vient au tableau, imite le geste en repassant sur le tracé à la craie de l'adulte, d'abord sans toucher, puis avec un doigt, la craie ou l'éponge humide, tout en verbalisant.

Plusieurs enfants essayent à leur tour, en coordonnant les mouvements des mains et des pieds. Ceux qui regardent s'imprègnent du geste qu'ils imiteront ensuite plus facilement.

Remarque

Marcher en même temps que la main imite l'écriture, c'est incorporer le mouvement de translation gauche-droite et acquérir avec plus de facilité la liaison entre les lettres.

Variante

Le même exercice peut être exécuté sur des feuilles de grand format fixées au mur, en utilisant de gros crayons.

Fiche 45

Repasser sur les lettres

Objectif : Apprendre la trajectoire de la lettre avec le support visuel. **Âge :** 5 ½-6 ans.	**Matériel :** Tableau, craies, éponges humides, feuilles de grand format et gros crayons de couleur, sable.

Déroulement

Bien préciser à l'enfant, avant de commencer, qu'il ne doit pas repasser exactement sur le trait. Lui ménager une « route » assez large pour éviter tout perfectionnisme et tension.
Veiller à l'aisance du geste.

Première étape : Au tableau

Des lettres en grande dimension, tracées par l'enseignant, seront repassées par l'enfant avec deux doigts, puis avec l'éponge humide, avec la craie ; il peut verbaliser.
Pour permettre de mieux intérioriser la trajectoire, l'exercice est refait si possible, dans un second temps, les yeux fermés.

Deuxième étape : Dans le sable

L'enfant trace les lettres apprises dans le sable.
Cela a l'avantage de donner des sensations tactiles qui accompagnent le mouvement et la possibilité agréable d'effacer.

Troisième étape : La peinture au doigt

L'exercice est le même que précédemment.

Quatrième étape : Sans modèle, au tableau puis sur feuille

En cas d'erreur, revenir à la première étape « Au tableau ».

Cinquième étape : Suivre « la route »

Le contour de la lettre peut-être représenté par une « route » :

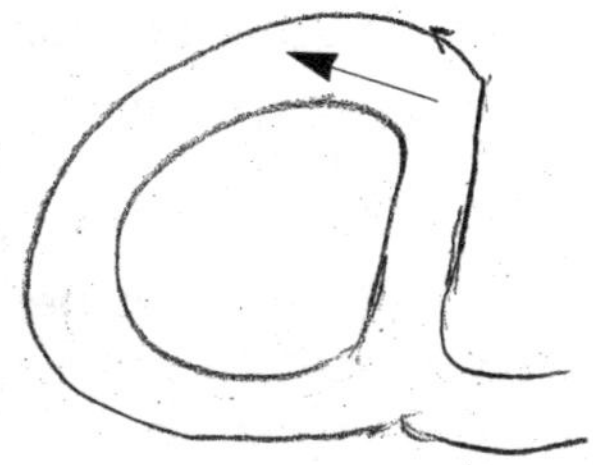

L'enfant remplit la forme par trois traits de couleurs différentes dans le sens de la trajectoire indiqué par la flèche.

Ce qui est indispensable, c'est de respecter le sens du tracé de la lettre.

Dans cet exemple la forme est présentée en même temps que des dessins, parmi lesquels se trouvent des mots contenant le son « a ».

Fiche 46

Le nid des oiseaux et leur envol

Objectifs :
- Introduire un mouvement continu dans le sens de rotation des lettres rondes.
- Donner une tonalité affective au geste.
- Introduire au plaisir du geste graphique et de l'écriture.
- Associer geste et langage par l'intermédiaire de la comptine.

Âge : À partir de 5 ans.

Matériel : Par enfant, une feuille de grand format, un gros crayon de couleur ou à papier.

La tonalité affective donnée au geste permet de saisir « le lien existant entre le vécu pulsionnel et le geste graphique ». « Les pulsions tout comme les instincts peuvent se trouver en état de tension, de charge ou d'accumulation et leur satisfaction correspond à une décharge, qui s'accompagne d'une sensation de plaisir et de détente » (R. Stora).

Déroulement

L'enseignant expérimentera les sensations sur lui-même avant de présenter l'exercice aux enfants.

1. Dans le silence et dans une atmosphère chaleureuse, chacun est invité à tracer d'un mouvement circulaire continu ce qui va représenter un nid avec des branches solides (traits appuyés),

des plus fines (traits plus légers) et du duvet (traits de plus en plus légers dans le centre du cercle).
Le graphisme peut être accompagné d'une histoire sur la fabrication du nid par les parents oiseaux qui préparent la venue des petits. On peut dessiner des œufs en couleur.

2. Enfin les petits naissent et s'envolent : « On va imaginer une écriture des oiseaux dans l'espace ». Les enfants matérialisent le vol par un trait continu : « L'oiseau ne tombe pas donc pas d'arrêt du trait. Puis l'oiseau vole de mieux en mieux, jusqu'à tracer dans l'air des lassos que vous allez essayer de représenter ». Les enfants tracent alors des boucles sur tout l'espace de la feuille, sans consigne précise. Certains choisissent de revenir dans le nid. Laisser toute liberté concernant la trajectoire des boucles.

Remarques

L'allégement du trait est difficile, mais c'est à la sensation qu'il faut attacher de l'importance plutôt qu'au résultat obtenu dans les variations du trait ; celles-ci se mettront en place dans un délai plus ou moins long selon les enfants.
Si un enfant a des difficultés, lui conseiller de revenir dans le nid afin de repartir dans un mouvement circulaire continu : le mouvement de translation qui oblige à une coordination est momentanément difficile pour lui. Afin de ne pas le laisser sur un échec, lui prendre délicatement la main et l'avant-bras pour le guider dans quelques boucles.
Veiller à ce que les enfants soient bien dans la sensation du geste appuyé puis du geste qui s'allège : « Tu sens ta main qui appuie, ton épaule qui conduit le mouvement, puis ton trait devient léger. Sens la différence dans ta main, ton bras, ton épaule ».

Variante

Au bout de quelques séances, il est possible d'introduire des paroles par un chant ou une comptine.
« Petit oiseau d'or et d'argent
Ta mère t'appelle au bout du champ
Pour y manger du lait caillé
Que la souris a barboté
Pendant une heure de temps
Petit oiseau va-t-en. »
Pendant toute la comptine, l'enfant « reste dans le nid » en tour-

nant avec son crayon dans un mouvement circulaire. À la fin il part dans les boucles :
« Petit oiseau s'envole
Petit oiseau revient
Revient sur ma fenêtre
Pour picorer du grain. »
Expliquer quelques mots comme lait caillé, barboter. Imaginer la scène, la mimer puis apprendre ou rythmer la comptine.
Ces paroles aux résonances affectives peuvent aider l'enfant dans son chemin d'autonomie.

Fiche 47

Le pantin désarticulé

Objectifs :
– Mise en éveil des sensations proprioceptives.
– Meilleure prise de conscience des sensations.
– Éliminer l'excitation ou l'énervement tout en redynamisant le corps.
– Détendre avant un exercice graphique ou avant de l'écriture proprement dite.

Âge : 4 ans.

Matériel : Une poupée de chiffon.

Déroulement

Montrer la poupée de chiffon toute molle, la secouer pour donner une image de l'exercice.

Première étape : Prendre appui sur le sol avec les pieds

Les enfants sont debout, les pieds bien à plat.
« D'abord vous allez faire le ressort. Vous poussez sur le sol avec vos pieds, votre corps monte et descend tout seul. » Faire exécuter l'exercice de plus en plus vite puis de plus en plus lentement, en variant les rythmes.
Chacun découvre celui dans lequel il se sent le mieux.
Si possible, impulser le même mouvement en se mettant sur la pointe des pieds.
En profiter pour nommer les différents segments : « Tu sens tes épaules qui s'agitent toutes seules, qui entraînent tes bras, tes coudes, tes poignets, tes mains et tes doigts ».

Deuxième étape : Temps de repos

On s'accroupit, les bras autour des jambes repliées, la tête posée sur les genoux.

Ceux qui le peuvent ferment les yeux : « Maintenant, tu visites ton corps, tu écoutes ce qu'il te dit. Tu te poses des questions : Que se passe-t-il dans mes pieds, mes épaules, mes bras, mes doigts, mon visage, etc. ».

Cette phase de récupération permet une meilleure prise de conscience des sensations produites au cours du moment actif et cela participe à la structuration du schéma corporel.

Troisième étape : Sautillements

Le même exercice peut être fait en sautillant pour apprendre à sauter « tout mou ».

Fiche 48

Le signe de l'infini, graphisme de relaxation

Objectifs :
– Travail de l'épaule dans la détente d'un geste continu.
– Prise de conscience du côté dominant, de la main directrice.
– Représentation mentale d'une forme qui introduit au chiffre « 8 ».
– Introduction de l'élément stabilisateur de la barre verticale (dans la dernière étape).

Âge : À partir de 6 ans.

Matériel : Carton de 50 x 40 cm, ardoise, gros crayons, feuilles.

1. Dans l'espace

<u>Première étape</u>

Debout, tracer horizontalement le signe de l'infini dans l'espace, les deux mains ensemble, paume contre paume, puis en les alternant.

L'adulte est face aux enfants qui exécutent en même temps que lui. Les pieds sont légèrement écartés (à peine la largeur des épaules). Le geste des bras est large et trace dans l'air une grande boucle à gauche, une grande boucle à droite, en passant par le centre dans un mouvement continu.

Ne pas s'attendre à une réalisation parfaite de la forme sans support. L'essentiel est le balancement du bras et sa légère rotation de façon que la paume soit tantôt vers le haut tantôt vers le bas. C'est la main en se retournant qui forme la boucle.
Un chant, une berceuse par exemple, peut accompagner ce mouvement balancé : « Dodo l'enfant do... » ou « Fais dodo Cola mon p'tit frère... ».
L'exercice est exécuté deux fois de chaque main, puis l'enfant choisit le côté qui lui permet de mieux se détendre.

Deuxième étape

Le but est d'apprendre à arrêter un geste dans la détente.
Départ de l'axe vertébral du corps : les deux mains sont jointes au milieu du buste.

Tracer une boucle d'un côté, une boucle de l'autre. S'arrêter au centre puis repartir.
Même exercice avec une main. S'arrêter au centre. Laisser retomber la main en la relâchant. Repartir trois fois.

Troisième étape

Après l'arrêt au milieu, l'enfant trace dans son propre axe une barre verticale entre les deux boucles. Il introduit ainsi la notion de symétrie, en même temps qu'un élément stabilisateur unifiant.

2. Au tableau

L'enfant se place bien en face du tableau sur lequel l'enseignant a tracé le signe de l'infini traversé en son milieu par une barre verticale.
Il repasse sur le modèle en un mouvement continu avec la craie ou l'éponge mouillée.
Puis il repasse avec arrêt au centre, comme précédemment. Enfin, il repasse sur la barre verticale.

3. Sur un plan horizontal

En position assise. Sur un grand carton est tracé le signe de l'infini, un point rouge marque le centre, une barre le traverse verticalement.

Repasser sur le modèle d'abord avec toute la main sur le tranchant, puis avec l'index et le majeur seulement.
Veiller à ce que tout le corps, en particulier les épaules et le poignet soient détendus.
<u>Première étape :</u> Le mouvement est continu, pas d'arrêt au centre.
<u>Deuxième étape :</u> Arrêt au centre marqué par le point rouge.
<u>Troisième étape :</u> Arrêt au centre et repasser sur la barre.

4. Avec un gros crayon

Repasser sur la forme déjà tracée sur une feuille.
Si une difficulté se présente, surtout si le poignet est un peu tendu, faire repasser sur le modèle du carton avec le tranchant de la main. C'est un moyen de détendre, de diminuer les tensions qui peuvent réapparaître à la prise du crayon.
On peut aussi tracer le signe sur le sable.

5. Sur une ardoise, sur une feuille…

Sur l'ardoise : tracer le signe de l'infini avec une éponge ou un pinceau mouillés.
Sur une feuille, l'exercice est réalisé avec un gros crayon.

Variante

Tracer la même forme verticalement pour réaliser le « 8 ».

Fiche 49

Les algues

Objectifs :
– Prise de conscience de l'axe vertébral, stimulation du tonus axial.
– Entraînement au mouvement d'indépendance du bras et du tronc.

Âge : À partir de 5 ans.

Remarques

Beaucoup d'enfants se tiennent mal pour écrire (buste affaissé ou en torsion) parce qu'ils n'ont pas conscience de l'importance du tronc vertébral qui soutient le bras scripteur, facilitant ainsi le mouvement de translation vers la droite dans l'écriture.
Cet exercice est à faire avant une activité graphique pour une mise en route du corps.

Déroulement

S'exercer pour ressentir les mouvements avant de les montrer aux enfants : en station debout ou assise, les bras (comparés à des algues) décrivent des mouvements ondulants très proches du corps puis de plus en plus amples.

Organisation

L'exercice sera plus vivant si les enfants sont mis en condition par une histoire, des images qui racontent la mer et les algues. Bien préciser que celles-ci ont un point d'attache, donc une base solide, comme notre bassin sur la chaise ou les pieds sur le sol.

Il faut veiller à ce que les mouvements ne soient pas périphériques. Les pieds sont bien ancrés dans le sol et la colonne vertébrale stable. L'axe vertébral est le point d'attache d'où partent les muscles qui vont actionner les bras. Chacun doit prendre conscience de ses omoplates et de l'impulsion du geste qui se joue « dans le flux et le reflux ».

Une musique peut soutenir le mime.

Durée

Cet exercice, qui peut durer de cinq à dix minutes, est très aimé des enfants. Le reprendre la semaine suivante.

Variante

Cet exercice peut être utilisé pour la préparation au graphisme du « l» et des lettres similaires avec hampes. Insister alors sur le mouvement ascendant des algues.

Fiche 50

Les ailes du moulin

Objectifs :
- Renforcement du tonus axial.
- Tonicité de l'épaule et de la ceinture scapulaire.
- Exercice de dissociation.
- Stabilité du buste.

Âge : 5-6 ans.

Déroulement

Montrer d'abord l'exercice, qui peut être intégré dans une histoire.

Au départ le buste reste fixe, un bras est tenu verticalement vers le haut, l'autre verticalement vers le bas. Les bras tournent dans le même sens, comme les ailes d'un moulin. Ensuite, inverser le mouvement.

Remarques

À exécuter soit le matin, soit en début d'après-midi. Avant une activité graphique, il permet la mise en route du corps.

Durée

Il peut durer environ cinq minutes.

Fiche 51

Pomme de reinette

Objectifs :
– Exercice de dextérité graphique : la main doit associer les combinaisons de formes.
– Entraînement à la rapidité.
– Apprendre à coordonner les mouvements de la main avec ceux de la bouche par l'association d'un graphisme à des paroles.
– Prise de conscience du rythme graphique.
– Détente de la main par le chant.

Âge : 5-6 ans.

Matériel : Par enfant, un carton sur lequel est tracé le modèle.

Déroulement

Tracer en même temps qu'on chante la comptine :
« Pomme de reinette → Dessiner une pomme : 
et → Dessiner un trait : /
pomme d'api → Dessiner une pomme : 
tapis, tapis rouge. » → Dessiner un trait à chaque syllabe puis un ondulé pour le mot rouge :

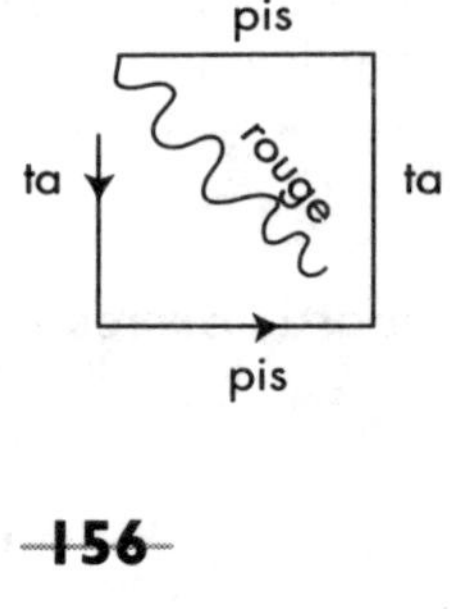

« Pomme de reinette
et pomme d'api
tapis, tapis gris. »

Même chose pour ce second couplet.

Montrer d'abord au tableau. La réalisation par les enfants se fait ensuite en trois étapes :

1. Chacun a devant lui un carton avec le modèle. En même temps qu'il chante, son index glisse sur les formes en suivant le rythme indiqué.

2. Le graphisme est exécuté dans l'espace en même temps que le chant, avec ou sans modèle selon les possibilités de l'enfant.

3. Quand l'enfant a acquis suffisamment d'habileté et de coordination, il exécute lui-même le dessin sur une feuille, toujours avec le chant.

Remarque

À la première séance et au début de chaque séance, les enfants ont du mal à coordonner le chant et le geste. Plusieurs séances sont nécessaires pour acquérir la synchronisation.

Fiche 52

Jeux de balles

Objectifs :
– Entraînement oculomanuel, dextérité, exercice sensoriel : contact tactile de toute la main avec un objet souple.
– Renforcement de la tonicité de la main et de la souplesse des doigts.
– Plaisir du jeu, de la stimulation du groupe.
– Préparation à la trajectoire.
– Initiation à la règle.

Âge : 5 ans.

Matériel : Ballons en caoutchouc souple et gonflable, fermés par une fiche plastique, balles de ping-pong, ardoises et instruments scripteurs.

Remarque

Cet exercice est fait de préférence dans le gymnase, avec 15 à 20 enfants, après quelques échauffements et des respirations.

Déroulement

Exercice préliminaire

L'enfant apprend à viser en lançant le ballon dans une cible (par exemple, un cerceau tenu par un autre enfant).

1. Les enfants se choisissent un camarade de jeu.

Le premier enfant lance le ballon, l'autre essaie de le rattraper. Puis il fait rebondir le ballon sur le sol ; l'autre doit le rattraper après un seul rebond.

2. Se mettre en cercle (trois mètres de diamètre environ), à genoux, assis sur les talons, en silence.

Toucher le ballon, prendre le temps de sentir le contact avec le caoutchouc et avec la forme sphérique. Terminer en pétrissant le ballon, qui doit être légèrement dégonflé.

3. Toujours en cercle : une balle de ping-pong est placée devant chaque enfant.

Une cible est tracée au centre de l'aire de jeu (cercle de 20 cm de diamètre). Essayer de repousser la balle par des pichenettes jusqu'à la cible.

5. Chacun fait un graphisme représentant les trajets des balles vers le centre.

CHEZ LE MÊME ÉDITEUR

Mon premier cahier d'écriture (3-6 ans)
M. Zacharia

Mon premier apprentissage de l'écriture (4-6 ans)
J. Cougnenc

Une année pour découvrir la lecture (GS)
M.-L. Winninger

Jeux de sons et de lecture (4-6 ans)
M.-L. Winninger

Manuel de la maternelle (PS-MS)
D. Chauvel – A.-M. Casanova

Manuel de la maternelle (GS)
D. Chauvel – D. Champagne – F. Wis

Des jeux de nombres et de logique (maternelle-CP)
M.-L. Winninger

Graphismes et coloriages (maternelle-CP)
H. Baron – B. Maille

Mon premier apprentissage de l'écriture (4-6 ans)
J. Cougnenc

Maquette : Primart
Schémas : Annie Beau
Mise en pages : AGD – 28100 Dreux
Achevé d'imprimer en janvier 2003
sur les presses de l'Imprimerie Campin 2000
à Tournai - Belgique
N° de projet : 10100669-(VII)-(10)-BSBP 80°
N° d'éditeur : 775